14

Mueve tus labios en la plegaria

Rebeca Baceiredo

Mueve tus labios en la plegaria

Saber ligero en el siglo XXI

 tercero
incluido

editorial@terceroincluido.net
www.terceroincluido.net

Diagonal Josep Pujades, 11, baixos
08440 Cardedeu, Barcelona

Corrección: Raúl Olivencia

Diseño de portada y maquetación: www.silviogarcia.com

Impresión: Estugraf, S.L.
ISBN: 978-84-126833-4-9
Depósito legal: B 12237-2024

Índice

La libertad es una sensación.
Tocqueville

Sin amigos nadie quiere vivir.
Aristóteles

Prólogo

Sucede que cualquier día ocioso una tiene la potestad, la libertad de poder abrir un libro tras el almuerzo, sin prisa por encontrarse con el mundo. Como cuentan los tiempos helénicos, no los clásicos, no, sino los de la descomposición de los sistemas que hacían de la realidad una totalidad cerrada, el mundo se relata, quién sabe lo que en realidad es, como turbulencias que nacen en el vasto océano de las acciones. Algunas veces, por sentirse viva, es bueno abrir la puerta que da a la calle y encararse a ella o, mejor, abrir las manos y recoger las formas del encrespamiento. Otras, para sentirse más viva aún, es bueno abrir un libro y navegar esa tinta.

Me gustaría poder disponer del tiempo para este hábito todos los días del año, sería el *tempus,* el flujo necesario y no abrupto de los cuerpos. Antes de nada. Antes de nada pararme y respirar e imaginar. A la hora de salir a encontrarse con la desorientación de los seres, la toma de contacto podría darse desde la distancia serena de la comprensión calmada y no desde esa amígdala hipertrofiada que me obliga a levantar la espada. Es más, con la espada desharía la maleza y transitaría impertérrita las eternas transiciones, sin importarme demasiado, quizá, que este o aquel humano no pueda ocultar ya más su malestar y lo prodigue en la relación con los demás. No quiero decir con tal cosa que los individuos deban asumir las cargas de una estructura móvil, dinámica, gaseosa, pero estructura al fin y al cabo. Quiero decir que la potencia, la capacidad para afectar y ser afectado y para organizar esas afecciones, no es siempre la misma.

Me daría igual su ira, o la mía, me generaría quizá solo compasión, yo sabría que tengo un refugio en un mundo más allá de la caída, en un mundo de ideas, en el mundo de las letras. Regresaría dispuesta a compartir espacio con la *koiná ta phîlon*, comunidad política que habita un territorio y que, decían, ha de tener como base la amistad; regresaría en el mismo instante en el que se recuperasen las utopías como sistemas flotantes de pensamiento. Algo más allá de lo que es, algo más allá del lugar en el que alguien, como un primer motor inmóvil, hace un gesto en silencio, como los gánsteres de Barthes, y todo sucede, y los efectos prosiguen a sus causas, necesariamente, indefectiblemente. El día en el que se rompa esa necesidad y todas sus causas primeras y recuperen las sombras la capacidad de pensar en colores saldré a la calle y tenderé mi mano.

17:36

Solo una voz ocupa el vestuario de la piscina. Los sábados por la tarde nunca hay nadie y esa quietud hace posible percibir la luz cálida aunque azul en la que Binoche nadaba en aquella película. Ese color envuelve tu cuerpo y tu mente y de repente estás en el vacío que el sonido del agua ofrece.

—Me levanté durante mucho tiempo a las cuatro de la mañana —comentaba una señora mientras se subía el pantalón—, pero no me incomodaba porque sabía que tenía que ser así. Y eso que no me gusta madrugar —resolvía alegre, porque ahora podía disfrutar de su jubilación.

Vivir aguantando la respiración para poder, quizá, llegar a vivir un día. La libertad es una sensación y cuando no la tienes, cuando no la inducen, no piensas en ella. Por eso es tan grande cierta insatisfacción del presente, porque la aclaman mientras es robada. Por otro lado, hay espacios que elevan el espíritu. ¿Acaso la iluminación de ese Cristo dorado rompiendo como un huevo la oscuridad de la catedral no es una sensación física? ¿No era esa la función de algún tipo de arte?

Así es el azul Klein, una frecuencia en la que no percibo la materia.

12:07

—Te estoy esperando en el garaje. Son y siete, ¿entiendes? La muletilla señala el par de minutos de retraso. Está adiestrada por las circunstancias para operar como un antiguo reloj suizo: una máquina perfecta para la organización de las acciones a las que acabamos llamando vida. Está delgada, las raíces blancas ocupan ya toda la coronilla, ha decidido no teñirse más. Llega un momento en el que el tinte quema el pelo, y también la delicada piel de la coronilla, y hay que dejarlo, toda sustancia en exceso deja de componerse con las células para empezar a descomponerlas. Es delgada, pero está delgada porque ha tenido un año duro. Ella es también dura. A las seis de la mañana se levantó cada día y cada día llegó a casa después del mediodía. ¿Es bueno para el cuerpo comer a la hora de la merienda? De cinco a diez acompañó, con lealtad, a una vieja amiga que, tan pronto como se jubiló, enfermó. A veces le cuenta anécdotas de la docencia, trabajo que compartieron, por eso de hablar.

—Yo ya estoy lejos —responde sin ganas su amiga, como un barco olvida la costa y sus mercados.

Carla es joven todavía, ahora se es joven hasta que se es muy vieja. Silvia conserva la atávica y fraternal lealtad del *ethnos*. ¿Distingue entre el amor y la obligación? ¿Es el amor la voluntad de lealtad, una nobleza que obliga? Es nobleza, no es sumisión. Ninguna de las dos tiene pareja, no han tenido hijos. Conozco muchos casos de docentes que decidieron hacer de la educación su vida profesional, pero no su vida íntima: esta se preserva para lo intelectual. Además, en la docencia ya te enfrentas, y sin cesar, a las nuevas generaciones que proyectan sin arropo el tiempo de tu imagen. Eso ubica mucho y hace madurar.

También se gana paciencia, incluso en cuerpos no programados para ella, y se pierde orgullo. Para pulir el ego como un diamante no se precisan retiros en el Tíbet, la prueba verdadera es sobrevivir más de la mitad del día en institutos de secundaria. La experiencia docente puede ser un *potlatch* ontológico por la comunidad, no sé si un parto anual de diez meses, pero, desde luego, sí algo parecido a lo que mi madre siente cuando ve el fruto naciendo de la tierra tras el dilatado cultivo. Se pretende la reproducción cultural y la transmisión de habilidades para que esa reproducción incluya una cultura activa, la posibilidad de creación de nuevas formas.

—Recuerda que es un oficio —me dice un artista artesano que tiene presente la rescatable diferencia entre una vida y su actividad.

Es difícil envejecer fuera de los roles sociales, es difícil improvisar nuevas formas de vida: la integración social todavía se realiza a través de la pareja y de la estructura familiar. Las funciones asignadas ofrecen un espacio seguro, cómodo, fácil para el «yo». No es necesario pensar ¿qué es ahora de mi vida?, ¿en qué me convierto?, ¿estoy sola en el mundo?, ¿voy a morir sin una mano que coja la mía?

Silvia iba a viajar conmigo, pero Carla pasa ya unos días en casa y otros en el hospital:

—Nunca me perdonaría no estar ahora, ¿llevas todo?, a la vuelta te recojo yo también.

Cuando nos conocimos, nos desencontramos. Pero un día se acercó y me dijo:

—¿Vas a estar trabajando aquí, verdad? Pues es mejor que seamos amigas.

Soy yo la que lloro en el coche sin motivo aparente; ella solo precisa hablar, contar, expulsar su dolor en forma de cansancio.

—Ten buen vuelo —me desea como finalizando una carta antigua.

05:43

Escribo con bolígrafo rojo, como corrigiendo mis recuerdos. Pero los recuerdos ya se corrigen automáticamente en el momento de la percepción. Escribo, hablo como alguien que calla.

Hubo una superluna, luna naranja. La luna es siempre la misma, a veces afecta más. La luna sobre el agua, sobre el agua de nuestros cuerpos, como un imán. No es que altere mi ánimo, quizá lo polariza. Lo que altera mi ánimo es la relación con el mundo. Sí, el mundo hace daño y la cortesía perdida era un instrumento paliativo, era arropar a ese otro arrojado a este lugar, un paraíso que con insistencia es convertido en infierno. El acontecimiento tiene distintos niveles de actualización posibles, como nosotros mismos, que podemos estar éticamente elevados y sufrir caídas repentinas en la fangosa ausencia de la voluntad, de la buena voluntad.

La naturaleza de nuestra realidad es que algún destello muestra las sombras. Fijaos:

—Profe, dejo aquí el móvil para hacer el examen.

—¿No te fías de ti misma?

Silencio. Reflexión silente.

La honestidad es un conocimiento pausado de los límites, y es bonito ver cómo puede florecer. En esos momentos ordinarios en los que, como en el cine de Ozu, la revelación se da, siento una esperanza emocionada por la especie. Es un casi imperceptible reflejo del sol de invierno en el cristal.

Hacer daño es agredir la sensibilidad de alguien. La sensibilidad se ampara en los valores morales. Nuestros valores responden a nuestras necesidades, a nuestras heridas, y a su buena o mala gestión. Proyectamos necesidades y no vemos lo que tenemos delante. Necesito la esperanza: *tienes esperanza y por eso te enfadas*. Puedo centrarme en *lo que es* y al mismo tiempo considerar que deberíamos pensar qué puede ser. Lo ontológico también es todas las realidades posibles. La ontología humana ¿no se define por su apertura? Ciertamente, restringir la ontología política a las pulsiones nos lleva a desear soberanos o líderes que expeditan las vías de nuestras pulsiones bajas, esas que nos retienen en los egoísmos cotidianos.

No me gusta que se actúe con soberbia, sin humildad, sin prudencia, sin consideración hacia los demás. No es consideración hacia el ego lo que busco, hablo de consideración hacia lo viviente. El respeto por el reflejo de Narciso no me parece una regla de juego relevante. En ese caso las demás especies no tendrían derecho a ser bien tratadas, pues no se deleitan en su imagen ni le imponen tal condición a los demás. Me gusta su inmanencia. Quiero un devenir animal o el devenir no humano que nos late y que no tiene relación alguna con la bestialidad ni con la máquina. Acaso, ¿qué es lo más allá de lo humano?

Mi sensibilidad reverbera cuando otra sensibilidad arrasa, abrasa mi sistema receptivo, y lo articulo en palabras, así:

06:02

Ahora mismo hay demasiada gente a mi alrededor, personas caminando ruidosamente y en aparente caos por un aeropuerto. No es un aeropuerto, es un centro comercial en el que también despegan y aterrizan aviones. Un no lugar que, a base de expositores de mercancía, tarima flotante y plantas artificiales, se reconvirtió en un lugar del nuevo mundo. Pero, sobre todo, gracias al reconocimiento de la revista Forbes, que quizá sabe poco de economía, pero mucho de riqueza. Sabe de agentes, humanos o no, que facilitan el fluir del capital, como antiguos alquimistas haciendo oro a partir de recursos bajos. La caja Brillo es obra de un alquimista, una ocurrencia genial: ¿el aura de la mercancía, su valor simbólico, ese brillo, permanecerá en el producto?, ¿los *flatus vocis* hacen magia?

Un aeropuerto parece un espacio multicultural. Pero la verticalidad de las clases sociales no comparte el mismo suelo y, en realidad, de la masa móvil de individuos que cumplen las mismas pautas estéticas, solo se diferencian mujeres con velo. El cosmopolitismo se ha materializado como una base que todo iguala, pero solo en apariencia, o manifiesta la taxonomía social del discurso hegemónico.

Todo el mundo está sobretatuado hoy en día. Hay águilas, leones, pero también elementos ordinarios de representación *naive*, como rechazando la transcendencia de la inscripción. De lo más futurista que he visto, en tal dirección, es *Zara* escrito en la muñeca. Como en *Black Mirror*, pero sin poder darle al *pause*. Lo más ligero que se puede pensar es: ¿qué va a suceder cuando la piel caiga, cómo se autopercibirán esas personas cuando pase la moda? ¿Esperarán a que regrese, veinte años después?

Me tatué en los noventa una flor con un símbolo de la paz. Durante un par de décadas no significó nada más que una cierta edad. Pero regresaron los Kula Shaker a los escenarios y el icono creado por Holtom para una campaña de desarme nuclear, anticipando los sesenta, estampaba la camiseta de Crispian Mills. Empezaba la última ráfaga genocida en Gaza y el símbolo devenido *naive* cobraba de nuevo sentido, recuperaba algo perdido: la posibilidad de decir basta, otro mundo es posible, aunque no podamos hacerlo. Hay ciclos escatológicos, la utopía es cíclica, la esperanza se pierde y nace el realismo, próximo al cinismo. Realismo capitalista: esto es lo que hay, cambiar es muy difícil, pero solo hay cambio y hay que adaptarse a ese cambio que se va dando y al que han vuelto a llamar progreso. Después se espera un nuevo *revival* de esperanza. Esperar la esperanza es como desear el deseo, separarla de sí, situarnos frente a un vacío.

Han dejado de pensarse utopías, la imaginación es sometida a un principio de realidad modulado por la rentabilidad y el espacio de representación presenta lugares no deseables: ¿las distopías anulan la capacidad crítica, subversiva? ¿Se da un momento en el que esas representaciones se reciben como la normalidad inevitable? Margaret Atwood ha señalado la necesidad de escribir de nuevo posibilidades ontológicas apetecibles.

Perdida la esperanza, queda un resabio amargo pero desapegado. ¿Es este un relato de mi pérdida de fe? ¿Creí alguna vez en el ser humano, o me aferré a mi voluntad de creer?

Los procesos de subjetivación se componen de múltiples factores. Frente a un mundo que siempre se presenta inestable, violento, peligroso, se hipertrofia el «yo». ¿Tatuarse el rostro es una sobrecodificación o un borrado del agujero negro? ¿Busca una mayor singularización o pretende anularla? ¿Qué buscan los rostros igualmente retocados? Coincidir con el icono, dice Hans Belting. (No) ser el icono y pertenecer, apunto.

Emerge el *horror vacui* de la carne, como un Leviatán del mar, y un ansia insaciable de identidad, o un problema con ella. Quizá lo que se busca solo es ser, estar existiendo, y nos confundimos con la identidad. Se desata un fervor por encontrar algo esencial y sólido a lo que aferrarse, algo más profundo que el avatar, pero no se sabe de profundidades ni de superficies lisas que surfear. Solo se sabe de representar. Es por eso que la posmodernidad que sucedió no superó la modernidad a la que intentaba redimir.

En las pieles se repiten los patrones. Algunos hombres reproducen la noche del cazador en sus falanges, algunas mujeres parecen reinas del Caos: serpientes, arañas y hormigas recorren sus brazos. Yo tengo algunas flores más y un sol, que también puede ser una estrella de la mañana. Tengo letras que significan. ¿Por qué queremos significar?

No varían tanto los mecanismos de distinción: hace un par de décadas se ofrecía una tarjeta de presentación y hoy se abre un perfil profesional en la red, quizá es más rancio.

Nunca me sentí cómoda en las formas capitalistas. Es verdad que otros, ciertamente, se sienten menos cómodos. Siempre hay que mirar hacia atrás, me dice mi madre como mecanismo para regular la ambición. En el capitalismo cualquier posición siempre tiene a mucha gente por detrás, es fácil consolarse, en ese sentido. O morir de pena. No lo sé, siempre me tomé muy en serio la razón dialéctica.

06:28

Aprendí a ser seria, a olvidar la cortesía. Casi nadie sonríe en el aeropuerto, ni en el mundo ordinario, a no ser en la intimidad, a no ser que consiga algo a cambio. Reímos menos a medida que nos hacemos adultos. En general, reímos menos que hace un siglo. Solo unos pocos minutos al día. ¿Llegamos a reírnos varios minutos al día? Reír ha dejado de ser una expresión o refuerzo de lazos comunitarios y se ha convertido, la sonrisa, en un signo más para favorecer el intercambio. Ya no es economía del don, es el embalaje de la mercancía. La sonrisa de comercial recupera el origen defensivo de la mueca que enseña los dientes, y la disfraza. Juegos agonales. Por eso hay tanta angustia y mal humor, tanto cortisol. El tejido entre la fuerza que violenta y su doble espectral, deliberaciones recreadas en la cortesía, como un gato que, sin objetivo, merodea y mira, es lo humano.

Aprendí a no sonreír cortésmente. Estoy harta de sonreír. ¿Estoy enfadada u oculta tras los párpados cerrados del *yedai*? Solo sin ojos se puede acceder al noúmeno. Y el enfado impulsa la reflexión, pero la ciega.

Ingeniería social

Los estudiosos de las hormigas dicen que los rayos ultravioleta se distribuyen en sus globos oculares, recreando un mapa cósmico por el que se guían. La luz del sol funciona como un imán que las dirige, o como un sistema de referencia sobre el que ellas realizan una cognición. Las hormigas que viven en los lugares más secos del planeta se lanzan a procurar comida sin saber dónde la encontrarán, dibujando un trayecto variable. Cuando la encuentran, el retorno al nido se realiza en línea recta.

Este detalle, además de producir la fascinación propia de los descubrimientos etológicos, nos dirige hacia las propuestas sobre el conocimiento que sostuvieron algunos antiguos: Empédocles consideraba que tomábamos a través de los poros aquello que estábamos capacitados para recibir, pues ya habitaría en nuestro cuerpo. Esto es, recibiríamos por empatía, porque ya existiría el camino para eso que llega. Quizá ese sea el motivo por el que las personas inocentes raramente conciben la maldad o la malicia de otro, o los necios no muestran demasiadas habilidades para detectar la inteligencia. La escuela de Epicuro, que se nutre de los atomistas presocráticos, lo tenía claro: el conocimiento humano no es un acceso privilegiado a la ley natural, sino una especie de GPS, un sistema orientativo que asegura la supervivencia, o ayuda. Como mucho, podríamos considerar coincidencias fragmentarias con lo real y esto sería ampliable, claro está, al resto de las especies, cuya protección, sacrificio o tortura todavía depende de cuánto capital muevan en cada estado.

Los organismos seleccionan lo útil, es por eso que lo útil ha sido entendido como lo bueno, en el mundo antiguo con Sócrates y en el mundo moderno con Galileo. En el detalle está el diablo, y los matices entre las dos culturas determinan dos mundos distintos. No es lo mismo decir que lo bueno es útil que insistir en que solo lo útil es bueno. Algo bueno es útil en un plano de inmanencia, esto es, no solo cumpliendo una finalidad extrínseca al sujeto que recibe eso bueno. Así, es bueno practicar la virtud, buscar el término medio de las cosas, porque sirve para entrenarnos en el camino de la libertad, esto es, de la independencia con respecto a las pasiones, lo que puede incluir independencia con respecto a otras personas, y a uno mismo.

Ora bien, entender que lo útil es bueno y, en un grado extremo, que solo lo útil es bueno, sitúa la finalidad en un lugar exterior a la emancipación de los individuos, quizá en la aplicación eficiente del conocimiento, que se restringe a su dimensión técnica. Quizá en esta concepción late el propio entendimiento de la sociedad como maquinaria técnica y productiva. Nos preguntamos constantemente *para qué* y nos olvidamos de otra pregunta esencial: *por qué*.

La arqueología de esos nidos de hormigas es adaptativa y extremadamente sofisticada, incluso en cuanto a sistemas de ventilación. Los individuos constituyen castas, determinadas por las distribuciones hormonales y el tamaño. Cada casta realiza tareas específicas, reproductivas y productivas. En cuanto a estas últimas, unas se encargan del cuidado de los nidos, otras se alejan, buscando alimento, y un tercer grupo se mueve en las inmediaciones del nido, ocupándose de la defensa de la colonia, frente a otras. El sistema arquitectónico es sofisticado, la organización social, compleja, y los sistemas de comunicación químicos, acordes a la dificultad de tal engranaje. Por eso son predominantes y por eso conforman, como colectividad, un superorganismo.

Para analizar esta estructura social es necesaria la sociogénesis, que indaga en la configuración, por uso o función, de cerebros especializados cognitivamente para ciertas funciones y atrofiados para otras, lo que determina la división del trabajo. La sociogénesis estudia esa eficaz división de la labor, en cuanto a términos energéticos, y tiene en cuenta la plasticidad fenotípica. No solo se investiga cómo el genotipo genera distinciones fenotípicas, sino cómo las modificaciones de la estructura social conforman estructuras neurológicas y del genoma, lo que produce cambios en la morfología, en la fisiología y, obviamente, en la conducta. Es decir, las condiciones materiales determinan estructuras neurogenéticas que fijan la forma y el comportamiento de los seres. Barajando, pues, la relación entre la ontogénesis y la filogénesis, podríamos prefigurar algo así, algo que vincula causalmente la especialización cognitiva y conductual y la consiguiente, y no sorprendente, especialización funcional.

La modificación neurológica se da a través de módulos, esto es, de paquetes sinápticos o circuitos neuronales, lo que cambia el patrón conductual. Por un lado, esta alteración neuronal y cognitiva puede ser causada por la variación natural. Por otro, el estudio de las sociedades de hormigas se está empleando en el análisis de las sociedades humanas, en las que la variación natural solo puede ser comprendida a la luz de la cultura, que puede modificar el entorno y, así, al propio humano. En este sentido caracterizaba Marx al *homo* como un ser autopoiético, como un ser que se produce a sí mismo, en relación dialéctica con la transformación del contexto. Sin ir más lejos, un estudio de 2023, «Country-level gender inequality is associated with structural differences in the brains of women and men», publicado por la revista oficial de la Academia Nacional de Ciencias de Estados Unidos (PNAS)[1] y basado en ocho mil imágenes cerebrales tomadas por resonancia magnética en veintinueve países, muestra que en los países en los que la desigualdad de género (medida con el Índice de Desigualdad de Género y el Índice de Brecha de Género)[2] es más acusada se dan mayores diferencias estructurales entre los cerebros masculinos y femeninos. Concretamente,

---

[1] «Country-level gender inequality is associated with structural differences in the brains of women and men». *Pnas. Psychological and cognitive sciences*, 16 de mayo de 2023; 120(20): e2218782120., Zugman, A, *et al.*, https://doi.org/10.1073/pnas.2218782120

[2] Medida con el Índice de Desigualdad de Género: https://hdr.undp.org/data-center/thematic-composite-indices/gender-inequality-index#/indicies/GII

en estos últimos, el grosor del lado derecho de la corteza cerebral es menor.[3]

Las técnicas del cuerpo que Mauss expuso, profundizando en la relación de la cultura con los cuerpos que esta produce, desarrollan un vínculo entre el tipo de cultura, el tipo de conocimiento que esta genera y los tipos humanos que se van creando. Técnicamente se diría que la epistemología da lugar a la ontología: la organización del conocimiento, que incluye los valores en torno a los cuales este se desarrolla, ofrece una organización específica de lo humano y su mundo.

07:01

Es tendencia, parece que internacional, no saber decir *no sé*, que es distinto a decir *ni idea*. *Ni idea* es un desprecio perezoso a quien habla o pregunta. Un *no sé* es un acto de humildad y prudencia, un *no sé* es la sabiduría. La gente que se expresa con excesiva seguridad, rozando la mala educación, suele no saber, y creer mucho. Yo, a pesar de saber todo eso, en apariencia, con frecuencia soy engañada.

No soy una persona segura, soy solo una persona que precisa estar segura. Eso hace que dude de mis certezas. En nuestro mundo eso solo ofrece una ligera sensación de debilidad. Me sienta mal esta cultura que confunde a los prudentes con los tontos, ¿o es tendencia humana hacer indistintas la ignorancia y la sabiduría? ¿Cuánto necesitan los humanos a los vendedores de humo?

---

[3] Un estudio halla diferencias en el cerebro de hombres y mujeres pero solo en los países con mayor desigualdad de género», *El País* 05/08/2023: https://elpais.com/salud-y-bienestar/2023-05-08/un-estudio-halla-diferencias-en-el-cerebro-de-hombres-y-mujeres-pero-solo-en-los-paises-con-mayor-desigualdad-de-genero.html

09:48

Cogí el autobús la mañana después de la superluna. Los prime-ros pasos fuera de la rutina son como pisar huevos y no resbalar con las yemas, como caminar sobre hielo, con miedo a que sea escarcha sobre agua.

Escucho que alguien grita antes de pagar su billete: «¡Via-jeros al tren!». Me hace gracia. Me recuerda al revisor del tren que nos lleva al trabajo y que nuestra cultura, por amable, cali-fica como idiota. Quizá sea un *idiotés*, pues parece estar un poco fuera de la sociedad; será entonces el idiota no idiota que habita el afuera de esta sociedad sin sociedad, un *anomal*, diría Deleu-ze, con nostalgia y humor fino para sobrevivir. Son mecanismos creativos de resiliencia.

En el bus urbano entra un joven de aspecto inocente. En se-guida los allí presentes vemos que habla solo por efecto de un uso continuado de drogas, que se manifiesta, como es usual, también en los dientes y en el inequívoco cuerpo encorvado que parece adelantarse a sí mismo para buscar algo de lo que siempre ca-rece. Quizá por efecto del mono habla con odio o resentimiento, menta a su familia: «Tener una familia rica, ¿para qué?», grita. «¡A ver! ¡Corre! ¡Está ya en verde!», increpa al conductor, que se ha acostumbrado a no oír. Tiene prisa. Tiene prisa por la droga o por huir de su existencia.

14:13

Volando de regreso a casa comienza de nuevo el dolor en el omó-plato derecho, una contractura que pinza algún tendón y que aca-ba imposibilitando el movimiento del brazo. Cuando comenzó este síntoma, hace tres o cuatro años, una médica reorientada hacia la acupuntura me dijo, escueta, que la parte derecha del cuerpo tenía relación con lo masculino. En ese momento lo vinculé a mi padre muerto, o a cualquier desastre sentimental. No me di cuen-ta en ese instante, yo, tan usuaria en algún tiempo del I Ching, que eso masculino es el *yan*, la actividad. Lo que somatizo es el cansancio de tomar decisiones. Esa conciencia comenzó a emerger hace unos meses, cuando me empecé a ver incapaz, quizá no incapaz pero harta, de escoger: café o té, lasaña o crêpes. Igual el problema es no poder tomar las decisiones que querría tomar, que querríamos tomar.

No quiero escoger. No quiero esa libertad. Quiero otra.

Además, creo que hice todo mal. Bien, durante un tiempo lo consideré así, que lo escogido o, más bien, lo desechado, pensando o queriendo un destino mejor, había sido erróneo. Después entendí que tal vez, como bien sabían los griegos, el destino es solo el despliegue del inconsciente, y que no podría evitarlo solo rechazándolo.

15:36

Contesté mal. En realidad no contesté a nada que se me hubiese dicho, más bien fui expresamente y por voluntad propia. Tampoco es que le hablase mal a nadie, simplemente fui, resuelta, a exponer mi punto de vista y a recomendar una actitud. La cosa fue así: pregunto a un trabajador del aeropuerto, desde mi inseguridad neurótica, por dónde tengo que dirigirme hacia la puerta del avión que corresponde al tramo de asientos en el que está ubicado el mío. Pregunto a pesar de que un instinto básico y una experiencia mínima no podían diferir mucho de lo correcto. El trabajador me envía por el pasillo contrario al que mi sentido común me dicta e insisto: «¿Estás seguro?» Él también insiste: «Sí, sí». Es malo que la gente no dude, solo la duda permite la escucha. Lo bueno es útil, la duda es útil. Fue la primera lección de Sócrates.

Deshago, molesta, el corredor de vuelta y señalo en el billete mi número de asiento: «Obviamente no debía haber ido por donde usted me indicó», le espeto. «Pero tú dijiste...», pretende responderme. No hay respuesta, aprendí a retirar, de forma excepcional, el derecho a réplica. Odio profundamente que me digan qué fue lo que supuestamente dije, porque tengo suficiente memoria para retener mis palabras, indeleblemente vinculadas, como todas, a algún tipo de emoción. ¿Qué habría hecho yo en su lugar? Si una persona me pregunta algo de lo que no estoy segura, respondo transfiriendo la incertidumbre y otra posibilidad. Si contestase con certeza y la respuesta resultase contraintuitiva para la persona que pregunta, insistiría yo en ajustar la pregunta, con la finalidad de aproximarme a una respuesta veraz.

Acababa de pasarme algo similar en la estación de metro. «Excuse me, excuse me», insisto, aproximándome, pero no demasiado, a una revisora que solo emite interjecciones sin mirarme. Tras más de quince largos segundos, sus ojos tienen la deferencia de cruzarse con los míos y repite la onomatopeya, que era un *ya* significando *yes*. Entonces comprendo y repito: «Excuse me» significando que siento no haber descifrado la mala educación como respuesta. Pregunto si ese es el tren que lleva al aeropuerto, dice que no. Le pregunto de qué vía sale. Me da, con rotunda seguridad, una información errónea de la que me fío, subo escaleras, esquivo gente, bajo escaleras, repregunto, deshago todos los movimientos y vuelvo al punto de partida, que era el lugar correcto.

Cometo el mismo error unas cinco o seis veces al día, que es dejarme persuadir por la actitud comercial, es decir, por aquel que habla muy seguro de sí, sin tener idea de nada. Son las nuevas —pero antiguas— competencias: veracidad frente a verdad, excelencia como persuasión frente a excelencia como integridad. Por eso suele suceder que quien no está trabajado interiormente no es buen trabajador, quizá sea un buen esclavo. El calvinismo se equivoca: no es que el buen trabajador sea buena persona, es que la buena persona es buena trabajadora, es decir, hace un esfuerzo, un gasto energético por el otro, en el contexto que sea.

¿Lo inútil es útil?

Primero, el *homo sapiens* produce una rueda. Muchas ruedas después, realiza el cálculo de la circunferencia.

A medida que los ancestros humanos avanzan por una sabana de relativamente alta vegetación, precisan erguirse. El bipedismo que estrecha las caderas para conseguir un mejor equilibrio también anticipa el parto. Los grupos humanos, en tanto que neonatos, precisan ofrecer tiempo de cuidados a las crías. Ese proceso permite el desarrollo de la corteza cerebral y, así, la adquisición del aprendizaje necesario para una especie con *déficit biológico:* en el mito de Prometeo se señala explícitamente su incapacidad de sobrevivir sin algo más que su mera biología. Necesitan aprender una serie de técnicas que producen instrumentos para asegurar el alimento y cierta protección frente a un medio con respecto al que mantienen, en principio, una posición de desventaja. Viven colectivamente, asientan costumbres, *êthos*, y precisan aprender a convivir, por ello el conocimiento también ha de ser sobre el comportamiento, sobre el *éthos* que se desarrolla junto a los demás. Modularlo es una virtud y es, como se ha dicho, un conocimiento práctico, que se entrena. Se aprenden las convenciones, el *nomos,* la moral que dará lugar, cuando se reflexione sobre ella, a la ética y a la ciencia política. Prometeo indica que para el ser humano la cultura puede ser la libertad. Y también su condena. Habrá que aprender a hacer las selecciones moleculares que Deleuze lee en Spinoza: saber escoger encuentros y saber seleccionar en ellos —pues no todos se eligen— aquello que active nuestras fuerzas, en el sentido de que nos separe de la reacción, que nos conduzca a un nivel diferente al causal.

Los más orgullosos de la cultura occidental consideran que el miedo rige la relación respetuosa con la naturaleza, a la que se sacraliza, como fuente de abundancia y vida, a la que se le demanda, también, ritualmente, la posibilidad de seguir existiendo sin el dolor de la escasez. El saber es propio de los sabios, que saben, en un primer lugar, qué es lo comestible y qué no lo es. Lo saben escuchando a la naturaleza. Es una relación órfica que se mantiene hasta que el ser humano es capaz de anticipar y tener, por tanto, la sensación de dominio sobre el medio. La naturaleza se ve deficitaria, y el ser humano debe suplir sus imperfecciones. Ha girado la rueda.

Ese conocimiento que anticipa es resultado de la contemplación, de la abstracción y de la formalización de los fenómenos. Es la *theoria* permitida por la racionalidad, el *logos*, un esquema mental que se basa en los principios de identidad y de no contradicción. El pensamiento ya no es solo simbólico, ya no agrega capas de sentido para cuyo acceso se precisan caminos iniciáticos. Sobrevuela la metáfora de la luz sobre la *episteme,* que es ciencia y filosofía, y también su ridiculización: te has caído a un pozo, Tales, por mirar las estrellas y olvidar el suelo. Es un pensamiento que se intuye como inútil, y solo es respetado cuando se ve su aplicación técnica. Ese conocimiento inútil se lo pueden permitir los que no necesitan trabajar y tienen tiempo libre. Trabajar se considera en Grecia una forma de esclavitud existencial, pues está ligada a la supervivencia. Lo inútil, por tanto, guarda el placer en su interior. No se trata de un placer inmediato, fácil, instintivo. Se acerca al buen vivir, a la *eudaimonía,* que se tantea, se merodea, no es un terreno que se conquiste, es una relación reflexiva entre lo abstracto y la contingencia. El antiguo buen hatillo de hechos que configuran el destino se reconvierte en una audaz guía racional capaz de acercarnos, mantenernos, en ese buen vivir.

Si la pragmática lingüística hacía coincidir la naturaleza del lenguaje, no con la transmisión de información, sino con el dar órdenes, con una disposición más incoativa, el texto de un artículo perdido entre las páginas recuperaba el olvidado placer de charlar con desconocidos, del hablar sin finalidad. La propia Arendt sitúa la política en esta dimensión de libertad, pues no está sujeta a necesidad y, es más, desarrolla esa capacidad que nos despega de ella, de lo mecánico, de lo causal, de la reacción pobre al estímulo. La política no tiene como finalidad la libertad, coincide con ella, dice. Si los sofistas hacían girar su ética de la contingencia sobre el *kairós*, el momento de gracia u oportunidad, y Maquiavelo insiste, en la Modernidad, en la contingencia de la política, separándola de la ética y también de la libertad como finalidad, Arendt aboga por recuperar su dimensión racional e inmanente.

Quiere que el ámbito de la palabra concuerde con el de la acción, que tradicionalmente se ha acercado al terreno de la labor y el trabajo, pues el lenguaje tendría que ver, al parecer, con la organización de las tareas necesarias para la vida. La labor se refiere a las actividades cotidianas que, fungibles, se renuevan y se agotan cada día asegurando, sin transcendencia, nuestra supervivencia. Es un nombre femenino para una actividad tradicionalmente femenina. El trabajo nos lanza fuera de la esfera doméstica, nos pone en relación con los demás pero en torno a estructuras productivas, su transcendencia es el stock y la supervivencia de un sistema.

La política se opone, según Arendt, a esas dos esferas, y a la de la violencia. La política es diálogo y el diálogo es acción libre. El poder se impone: *archein* implicaba iniciar algo, poner en marcha y dominar. Ese poder antiguo, casi místico, aunaba la acción que se inaugura sobre los otros. La acción del diálogo no inicia nada, dice Arendt. Y eso parece bueno, porque prescinde del origen, lo que la sitúa en una pluralidad tolerante, y no pretende subyugar, por tanto. En esa multiplicidad de puntos de vista, de *doxas* que se construyen y devienen, radica la libertad. La *doxa* era propuesta en el sentido en el que la rescata Ortega y Gasset, entendida como una orientación del pensamiento, cuando todavía no se opone al conocimiento, a la *episteme,* es decir, antes de ser genérica, *idola.*

Además, Arendt defiende que la política no quede en manos de las élites de especialistas, de técnicos, pero ¿mantenerla en esa esfera de pura *doxa* plural e inmanente del mundo de las ideas —o del relato que mece la existencia descarnada— no conlleva la necesidad implícita de que la organización económica de los cuerpos se efectúe con aparente neutralidad, objetividad, envuelta en una idea de eficacia? ¿No es eso una tecnocracia vestida de democracia avanzada? ¿O se permite que la relación entre los cuerpos se dé desde una perspectiva atomizada y puramente económica? No queda clara la postura de Arendt más que por su propia insistencia en la entrevista que en 1964 ofrece a Günter Gauss en la televisión alemana, *¿Qué nos queda? Queda la lengua materna.* Dice allí con vehemencia que no hace filosofía política, sino teoría. Y esta se diferencia de la primera en que no propone nada. Empeorando el problema, la sociedad neoliberal, de una posmodernidad adaptada, habla de *doxas* u opiniones, todas ellas igualmente válidas. ¿Hablaba de eso, acaso, Arendt? No, porque, aunque dice hacer teoría, la política forma parte de la *praxis,* insiste, y, por tanto, sus principios no pertenecen a la ciencia natural.

Por otro lado, no es que Arendt, como los de Frankfurt, vea a la sociedad de masas como un *populismo* en el que el pueblo o los individuos íntegramente desarrollados solo se presuponen pero siguen faltando, es que ve que en la Modernidad no se ha respetado la distinción entre la esfera íntima, de existencia, y la pública, política: la esfera pública es simplemente una expansión de la actividad inmanente fungible de supervivencia que debiera ocupar solo la esfera privada, dice. De esta manera, no se ha conseguido una sociedad política madura, de hecho, entiende que la sociedad se encuentra despojada de su dimensión política, enajenada, alienada, por tanto. Reducida a su dimensión de consumidores, la sociedad es limitada a una esfera económica extremadamente mediada y solo en apariencia sofisticada. Es decir, no contamos con una sociedad en la que la dimensión ontoética de los individuos adquiera consistencia, lo que con facilidad se dirige hacia la banalidad del mal, a actuar siguiendo emociones, generalmente inducidas, revestidas de ideas cliché que las refuerzan. ¿Cómo no ser Eichmann o las *bestias del desierto* que asesinaron a Hipatia si no se ha pensado de ninguna de las maneras y tampoco en el plano ético?

La sociedad posmoderna de la *doxa* está todavía más lejos de la concepción arendtiana, que a nivel ético se vincula a la propuesta de Kölhberg: el desarrollo de la abstracción, aplicado al ámbito de la ética o entrenado en él, fomenta un sujeto capaz de moverse entre imperativos categóricos, en el sentido kantiano, superando, por tanto, el estado moral convencional, todavía precario, y que a veces coincide con disposiciones morales no justificables. La situación es peor, porque la sociedad actual parece haber reculado a una fase anterior, en la que se adquieren las nociones de bien y de mal en función del deseo e interés y sin tener idea del bien común. Es la sociedad de los *idiotés,* aquellos incapaces de vivir o pensar más que en sí mismos. Los virajes hacia el fascismo se facilitan porque el discurso dominante legitima posturas en las que querer se entiende como el no saber socrático: se desconoce el bien y por ello se mantiene alejado de nuestras decisiones. El interés particular se intuye; el bien, que es común, ha de ser pensado. La cosa se complica entonces. Se necesita un imperativo reflexivo, la capacidad y la posibilidad de pensar, para evitar la barbarie. Más el juicio y la voluntad.

Además, el discurso contemporáneo apela a la acción, a inaugurar constantemente y con fuerza algo en el ámbito personal, pues el espacio común ha devenido puramente económico y se rige en función de parámetros incuestionables aplicados por tecnócratas: resulta ajeno desde la colectividad, y parece que solo se forma parte de él a nivel individual, pues esa era su naturaleza, asegurando el segmento propio, adaptación y supervivencia. La sociedad nos interpela para que no se reflexione demasiado, nos mantiene en los vertiginosos ritmos del futurismo, nos interpela a la acción inauguradora de nuestra *nueva* vida a cada instante, al *archein*, que para Adorno coincidía con los trazos psicológicos del fascismo: sociedad de acción y no de reflexión. La propia acción lingüística sigue vinculada al dominar, al imponer, al llevar razón, al persuadir o engañar, y estamos lejos de aprender a entendernos y a discrepar, a tolerar, a vivir en disenso.

Para la tradición liberal la libertad se vinculaba a la capacidad de hacer o de no hacer, lo que incluía la posibilidad de materializar el pensamiento en el ámbito público, expresándolo. La crítica de Arendt está clara y, por otro lado, su postura podría ser transitada hacia la figura del señor Bartebly, que prefiere suspender la acción, y hacia la inoperancia de Agamben, que evita el cumplimiento de cualquier ley, que se origina en un *archein* que no es divino, que es, de hecho, contingente, es decir, soberanía de alguien o de unos pocos. Reservarse de la acción es no actuar y, en un estricto linaje metafísico, evitar determinar ninguna posibilidad, lo que mantiene con todas por hacer o por elegir, postura neurótica por excelencia. Pero también es alejarse del poder, y no implementar ese dominio ni sobre uno mismo ni sobre los demás. Es evitar la acción irracional o dirigida, o la ejecución de la injusticia o de la violencia que no solo representa, sino que conlleva la ley. No es una pasividad frente a la violencia de la ley, por tanto, sino la inoperancia que evita que la ley y su violencia se efectúen.

La política debería estar alejada de las cuestiones ordinarias del cuerpo, insiste Arendt, y próxima a la dimensión de la palabra, que es para ella acción, pues la acción no es solo movimiento y transcendencia. En tal dimensión nos alejamos del mecanicismo y de la necesidad de la existencia, es el *topos* en el que se desarrolla nuestra potencia racional, esa prefrontalidad que nos inhibiría de la violencia frente a lo distinto.

Pensarlo de esta manera hace supurar un cierto nihilismo que parece negar al cuerpo y a la naturaleza, en general. Esta, a la que se le reconoce multiplicidad *de facto,* se asume como necesidad, frente a la libertad y la potencial pluralidad política. Regresamos al problema citado anteriormente: ¿cómo se gestionan las cuestiones materiales vinculadas a la organización de la supervivencia? La autora se separa radicalmente de lo que entiende como campo minado que conduce a la biopolítica, esa que incorporó de manera definitiva el régimen nazi al vincular la cuestión biológica al ámbito político y, concretamente, a la gestión del exterminio. O ya se ensayó, como bien señaló Sven Lindqvist en *Exterminad a todos los salvajes* (1992), en el régimen racial que justificaba todo un orden económico y político sostenido en la esclavitud, además de un exterminio calculado sonando como música diegética.

Ahora la esclavitud se mantiene sin apelar a cuestiones biológicas, al menos fenotípicas. Lo útil evita enredarse en representaciones, así deambula menos y se legitima mejor: mantiene un discurso tolerante mientras absorbe la energía barata de toda acción. *No es conocimiento lo que nos falta,* sino el coraje de extraer conclusiones. ¿Es mejor separar los campos o contraefectuar esa biopolítica pensada como biopoder recuperándola para las fuerzas de la vida y la libertad? Contraefectuar es dar sentido, dar sentidos es crear realidades.

16:21

—Atravesamos una zona de turbulencias —confirma el comandante.

Atravesar turbulencias no es tanto cumplir una edad como estabilizar la vida, ese deseo que responde a una necesidad básica, pero quizá no al propio deseo.

Miramos a la generación anterior como almas resignadas que se subordinaron erróneamente a la vida y a los poderes que la moldean y ellos se ríen de la nuestra por pensar que podemos dominar la existencia y por creer que en verdad el sistema nos ofrece libertad: «Pues decide, decide». Así termina mi madre la confrontación generacional o nuestras verdades iluminadas sobre la emancipación y el empoderamiento. Como Mark Fisher, mi madre considera que eso es delirio, ideología y metodología capitalista.

Cuando hablamos de cuánto son capaces de ahorrar nuestras madres con la mitad de ingresos que nosotras nos preguntamos cómo lo hacen. Se lo preguntamos a ellas: «Fácil», dicen. «Tontería uno, fuera. Capricho dos, fuera. *Tatoo* que te empodera, fuera»; el ahorro no empodera, pero tranquiliza. Nada de *new age*. Es una filosofía de vida más materialista, en el sentido clásico.

No sé, cada cierto tiempo necesito demostrarme mi libertad, o tener su sensación. Desbaratarlo todo, decidir fuera de lo que se espera de mí.

16:37

Me molesta el proceso de digitalización de todos los procesos vitales, íntimos, sociales, cotidianos, y que los aparatos no funcionen. ¿O la distopía es el cuento aquel en el que una niña, oprimida por su madrastra, debe vaciar el pozo cada noche con una agujereada cuchara? Obligar y no dar instrumentos, legislar y no presupuestar, soberano caprichoso o gestión eficaz cuyo objetivo no coincide con la buena organización de la materia. ¿Qué es lo bueno? De forma inmediata, lo útil. En profundidad, lo que mejora la vida. ¿Qué es mejorar la vida? Desarrollar sus potencias, que no se subsumen necesariamente en el engranaje socioeconómico. Habría que determinar qué potencias y cuáles no. Habría que definir un criterio, por ejemplo, aceptar potencias inmanentes que no se desarrollen espontáneamente, como los afectos activos y la racionalidad, u otras más profundas que suavicen la condición existencial de todos los seres vivos.

Reservo en mí el escepticismo de mi padre: confiaba en lo mecánico, en rudos y básicos mecanismos, sin ser él así, y no en la electrónica espectacular, pero floja en cuanto a eficacia (y duración). Es como si hubiese vivido en Alemania del Este. Yo mantengo ese mundo en mi interior. La chica del asiento de al lado paga con la aplicación móvil unas aceitunas y la leche ensobrada que ha de acompañar al café. No quiero saber, en el caso de que, efectivamente, eso sea algo parecido a la leche, cómo estarán las vacas que la producen. En tal caso sería mejor que fuese algo completamente artificial y que dejasen a las vacas en paz. La cuestión es que la aplicación del móvil no funciona y precisan, qué ironía, de «la tarjeta física», dice, cansada, la azafata. Previamente, ella y su compañera se han mostrado nerviosas y frustradas, porque el TPV, el aparato de cobro, se queda colgado en cada operación. «¿Puedo pagar en efectivo?», pregunta la joven. «No, solo tarjeta», responde el uniforme.

Que ninguno de los instrumentos requeridos funcione es la vía progresivamente abierta por la libertad y la seguridad, tecnología *touchless*. Eso no es problema de los que deciden, si es que en realidad hay decisiones y no solo el movimiento mecánico del mundo. Es el mundo posmoderno. Nada tiene que funcionar, nada tiene que ser de calidad, ni TPV ni comida ni ropa ni servicios ni educación ni sanidad. Lo que importa es que fluya el capital. El producto es una excusa, un territorio que ocupar, que sobrevolar, sobre el que tomar impulso.

16:58

Las turbulencias cesan. Viajar sola me sienta bien, me ayuda con el desapego, olvido el desarraigo. Cuando los miedos y la ansiedad empiezan a carcomerme, afrontar el pánico de un vuelo es bueno para mí. Caminar por ciudades antes desconocidas es terapéutico. Digo antes desconocidas porque ahora me parecen todas esencialmente iguales, las mismas calles, los mismos olores.

17:32

Los niños y los señores que rodean mi asiento juegan con *apps* de cartas y con el vintage *candy crash*. Como excepciones, una madre juega analógicamente con su hijo y otra le ofrece *Sophie's world* a su niña de doce años, que pregunta con ojos curiosos: «¿qué es *free will*? Casi todas las cosas están determinadas genética y culturalmente», contesta la madre. Se llama Tania y se muestra espeluznada por el consumo audiovisual del chico de un asiento demasiado próximo, una suerte de porno *soft* que se ofrece, como producto de gama alta, en HBO.

Me advertirá Tania del capitalismo avanzado en el aeropuerto danés, y me hablará de la relación con la pantalla, que no es lúdica, sino adictiva, como el modelo de Las Vegas o de Atlantic City. De hecho, las dimensiones lúdicas, en tanto que representativas o agonales, se han perdido y el presente ya es portar un casino en el bolsillo, y en el futuro eso debe ser entrenado en la escuela: *gamificación*.

Aunque la sociedad obvie los contenidos y los efectos de los demás agentes de socialización y centre su energía en considerar y reconsiderar qué es lo que debe ser abordado en cada materia y de qué manera, la escuela no es el videojuego donde cada uno decide las normas sociales en las que debe ser educado su hijo, cosas de la ideología neoliberal y su concepción del mundo, del «yo» y de la propiedad. Como decía Mark Fisher, otra vez, la escuela es el campo donde afloran las tensiones sociales.

Yo tal vez me compre un reloj inteligente que haga automáticamente llamadas de socorro en caso de accidente. No querría contar pasos. Ni conocer a cada instante mi frecuencia cardíaca. De hecho, me gusta la filosofía porque no necesita saber, solo pensar, y pensando va sabiendo que no sabe. ¿Es bueno saber vivir en una suspensión de juicio?

El conocimiento necesario, el conocimiento posible

La institución educativa obliga e induce a sus profesionales a formarse en procesos de digitalización. No se trata, como se da a pensar a la opinión pública, de una alfabetización digital, de asegurar un saber sobre unos instrumentos, tal y como tiene un técnico informático. Fundamentalmente se transmiten las aplicaciones ofertadas en el mercado, de manera que, simulando «situaciones de aprendizaje» para el profesorado, término de moda en la pedagogía, que significa «situaciones ordinarias a partir de las que inducir conocimientos», este baraje escenas didácticas en las que emplear *apps* o plataformas y hacerlas emplear al alumnado. Lo que se pretende es proveer al alumnado del nivel de usuario de las innovaciones, por ejemplo, la inteligencia artificial. No es necesario ofrecerle los fundamentos teóricos, dicen.

Al igual que en otros ámbitos profesionales, el conocimiento se limita a conocer los productos del mercado disponibles, pero no los principios racionales y las causas materiales de las cosas. A día de hoy, eso ya es metafísica. La *esteticien* solo sabe indicar marcas para tratar una piel seca. La vendedora de viajes está perfectamente capacitada para trabajar con el sistema operativo de la empresa, pero es totalmente incapaz de razonar fuera de esa lógica. Los problemas de lenguaje que dinamitaron la filosofía hacen estallar ahora las esferas del mundo diario porque opera *el conocimiento de receta,* como lo llamaron Berger y Luckmann en *La construcción social de la realidad* (1966), ese que no atiende a los principios y solo funciona en campos delimitados para señalar una acción a realizar, campos en los que previamente, por cierto, se han generado necesidades, de esas «falsas», que decía Marcuse. Se reducen ciudadanías reflexivas pasadas de moda a meros usuarios. Así sucede también en la pedagogía de las lenguas, por eso resulta difícil analizar el pensamiento. No importa, porque los propios profesores universitarios exponen sus investigaciones con el lenguaje empresarial, que tiene bastante de esnobismo y de apelación emocional, como si fuese natural.

Digitalizar la educación pasa también por estar al tanto de los últimos productos ofertados y por la sustitución de procesos analógicos por procesos digitales, por ejemplo, en el uso de los canales de comunicación, de la agenda de trabajo o del bloc de notas, aunque lo último es la aplicación que recoge las notas y genera un mapa conceptual que imita una red neuronal, como teniendo un *doppelgänger* digital. De hecho, todos los *deep, fake, voice*, aluden a ese grado de profundidad pseudo-ontológica. A mayores, los artículos de investigación pueden delimitarse a un ámbito muy específico, tanto como la percepción del uso de emoticonos en la comunicación entre maestros y alumnado, o el uso de podcasts y el empleo de Tik Tok como elementos didácticos del proceso pedagógico, algo puramente neutro y descriptivo, que es en lo que ha derivado la definición kantiana del conocimiento científico. Descripción de un fenómeno. Los ejemplos empleados son reales. No se presenta la tecnología como un instrumento para el progreso social, sino como la finalidad, será que la finalidad se cumple en el mismo momento en el que los procesos sociales se capitalizan.

No poder cuestionar las nuevas aplicaciones tecnológicas es por definición una tecnocracia: quien las cuestiona es un *neoludita* que está anacrónicamente en contra de la tecnología, que, al parecer, ya era el uso de pigmentos en las cuevas. Confundiendo técnica con tecnología e insistiendo en que «la tecnología no es mala, sino el uso que hacemos de ella» parece resolverse todo. Obviando los efectos ambientales —consumo energético y de recursos acuíferos o huella de carbono— y geopolíticos —para la consecución de recursos y para la *desaparición* de residuos—, de los que podríamos decir que, efectivamente, pueden ser considerados *malos* por sí mismos, la cuestión es estructural, y no moral. La misma réplica con la que Marx empezó la revisión del socialismo utópico. No distinguir estos ámbitos conlleva la misma confusión peligrosa de la que se advierte a la humanidad desde los mitos antiguos: la técnica es un conocimiento *poiético* o productivo, la tecnología, que es el *logos,* el pensamiento puro o *episteme* aplicado a la *tekné,* y que acaba siendo también productivo, no tiene relación directa con el ámbito de la *praxis*, ético, político o social. El progreso —si es que existe— tecnológico está por naturaleza separado del progreso social, no es una práctica que tenga como objetivo la justicia social o política. En el Occidente moderno el conocimiento puramente teórico se supedita a su aplicación técnica, que se hace llamar práctica. Por lo tanto, el antiguo conocimiento práctico, que era de índole ético-política, desaparece, pues el término que lo clasificaba pasa a determinar otra realidad, la puramente técnica. Lo técnico como finalidad del *logos,* del conocimiento racional, hace que el desarrollo tecnológico, que secuestra la noción de progreso, sea el vector que dirige el devenir social y lo subordina.

Publica la Unesco que está preocupada por la introducción acrítica del proceso de digitalización en la enseñanza. La publicación, de 2023, se llama *Global education monitoring report, 2023: technology in education: a tool on whose terms?,*[4] La brecha social se amplía con ella y los productos que se incorporan se dicen escalables, aunque esto solo significa que deben adaptarse —los docentes deben saber adaptarlos— a los distintos niveles intelectuales, cognitivos o motivacionales que coexistirán en un aula. Distintos niveles de desarrollo cognitivo o intelectual no es diversidad: los propios parámetros que definen la educación son eminentemente occidentales, pero, si las personas pueden superar los prejuicios étnicos, los algoritmos están programados de forma unívoca. Se trata solo de ajustar cantidades. Se reduce

---

[4] *Global education monitoring report, 2023: technology in education: a tool on whose terms?,* Equipo del Informe de Seguimiento de la Educación en el Mundo, ISBN: 978-92-3-100609-8, https://doi.org/10.54676/UZQV8501

la valoración del mundo, no solo del fenómeno físico, a lo cuantitativo y las respuestas intentan defenderse en ese plano. Parece que en el clásico debate de 1961 en Tubinga, del neopositivismo frente a la Escuela de Frankfurt, ha ganado el primero, porque a las ciencias sociales y a las humanidades intenta aplicárseles la metodología del modelo natural, de manera que el ser humano, su objeto de estudio, se convierte también en una pieza predecible y, por lo tanto, controlable.

Decía Muñoz Molina que el arte americano era localista, pero era presentado como una abstracción universal y así conseguía su hegemonía. Quizá sucede que la posición dominante es ofrecida desprovista de su contingencia. Dicen que Hobbes también hizo ontología a partir de lo que tenía alrededor, esto es, a partir de la burguesía inglesa de su tiempo. Es un problema de método que persigue al conocimiento, habrá que falsar, en lugar de magnificar ilegítimamente. Esto pasa en educación: los parámetros que definen empresas, e investigadores financiados por empresas, en la OCDE se exhiben como los más recientes descubrimientos en pedagogía. Una innovación obligatoria, por tanto, pues es el progreso el que habla. Sin embargo, difiere la psicología cognitiva y la propaganda: otro de los límites de la inducción —además del epistemológico clásico— es que, para enseñar aspectos relacionados con el bagaje cultural humano el empleo de los libros es eficaz, dice Héctor Ruiz. No se puede inducir todos los campos de conocimiento de la historia de la humanidad en cada existencia.

La participación del público, que comenzó rompiendo la cuarta pared de los escenarios, inunda los espacios educativos. Pero todo el público no puede participar, si su número es amplio. Esto, la ratio, no importa, según los voceros pedagógico-económicos, pues la actividad que debe implicar al alumnado en el proceso de aprendizaje se realizaría en dispositivos electrónicos y en función de sus intereses y capacidades. La docencia del futuro solo debe ofrecer el producto, ajustarlo y, como *coaching,* encontrar las fortalezas, *skills,* de cada cual y animar a desarrollarlas, como si fuesen esencias autónomas, y no módulos interconectados, de manera que, finalmente, el sujeto no tenga que enfrentarse a sus propios límites, a lo que se vuelve psicológicamente incapaz. En eso se reconvierte el Diseño Universal de Aprendizaje (DUA), que se aleja de las utopías de la Institución Libre de Enseñanza y que se hace complicado con las condiciones materiales aludidas y con la permanencia de los sistemas de evaluación, cuya mejora se entiende por una cuantificación indefinida hasta el absurdo de cada actividad, y, más, de cada acción pedagógica, y no se contempla su desaparición. Sería imposible en el tipo de sociedad actual. Entonces combinan, sin explicar bien cómo, la apelación cansina a la evaluación objetiva, que no es cualificación, advierten, aunque ciertamente todo acaba en la cuantificación, y, a la vez, aclaman lo subjetivo, lo personalizado.

Eso personalizado, en el ámbito de las competencias y contenidos, provoca la pérdida del terreno compartido, de la cultura común. Se insiste, además, en el mantra de las metodologías activas que confunden la acción con el movimiento y destierran el tiempo necesario para la reflexión, para la suspensión de la reacción ante el estímulo. Todo pensamiento se reduce a la rápida aplicación de la categoría a un fenómeno, a la clasificación incesante de lo real, al reconocimiento llevado a cabo por el entendimiento y una memoria rápida —y corta—, no lastrada por el tiempo. La apelación incesante a una prefrontalidad agotada por la sucesión de estímulos genera una hiperactividad descentrada, además de estructurar el mecanismo de adicción a las descargas de dopamina producidas por la sensación de la consecución. Si añadimos la insistencia en la *gamificación* del proceso educativo, para que no se relacione con el dolor y el sacrificio, las subidas y bajadas bioquímicas ayudan poco a la maduración de la corteza cerebral y a la serenidad psicoemocional. Una metodología más participativa no tiene que pasar exclusivamente por el mundo digital, si es que se está queriendo hablar de pedagogía y no, exclusiva y tácitamente, de subjetivar acorde a *los nuevos tiempos* definidos a cada instante por el capital, el *té(l)os*.

En muchos casos se presentan actividades educativas digitales de relación que priman la velocidad de respuesta como vector, así que se obvian los contenidos y se prueban combinaciones hasta hallar la correcta, algo similar al funcionamiento de una máquina tragaperras. La aplicación acelerada de categorías a estímulos digitales pondría en marcha el entendimiento, pero no la razón, encargada de vincular lógicamente categorías entre sí constituyendo juicios y, a su vez, concatenando juicios en argumentaciones que han de ser consistentes. Entonces, ¿cómo es posible hablar de «pensar» con tales disposiciones? Permitir el desarrollo normal de la prefrontalidad no solo asegura el pensar, sino que favorece el placer intelectual, artístico, más parecido a suaves mareas de oxitocina que a picos, bioquímicos y emocionales, vinculados a descargas de dopamina. Reconocen los pedagogos, aun así, que lo relevante es conseguir una motivación intrínseca, que se sitúa en las antípodas de lo impuesto. Además, la motivación emocional debe ser combinada con una memorización estructural para que sea eficaz, para conseguir la integración de un sistema de ideas. De la misma manera, es necesario entender que los efectos del aprendizaje, la riqueza conseguida, no se muestran en multitud de ocasiones de manera inmediata, sino en el desarrollo inmanente del tiempo, de la vida. No es una elucubración de docente, los discentes llegan a ser conscientes. La función de una escuela que contemple el desarrollo integral del individuo ha de ser estimuladora, no meramente capacitadora.

Pero son los bancos los que financian los cursos de bienestar emocional, y empresas como Samsung, Repsol, Mapfre, Endesa y Coca-Cola las que ofrecen sus productos al profesorado —más las que pagan el *catering* de los congresos y no las conocemos—. Así se recoge en «El profesorado en el punto de mira: estrategias de influencia de las empresas españolas en el sistema educativo».[5] La escasez de datos que confirmen las bondades de la digitalización la señala la propia Unesco, pero instancias como

[5] Turienzo, D., Prieto, M., Manso, J., y Thoilliez, B. (2022), «El profesorado en el punto de mira: estrategias de influencia de las empresas españolas en el sistema educativo», en *Revista Española de Educación Comparada* (42), pp. 151–172, https://doi.org/10.5944/reec.42.2023.34310

la OCDE promueven eso que se denomina un régimen de conocimiento educativo de mercado que enfatiza, según el artículo, el valor utilitario del sistema educativo, con el beneplácito y la colaboración de los agentes públicos.

El discurso con el que se justifica esta expansión metodológica, como si recién se estuviese descubriendo, habla de seducir a la audiencia como hacen los medios de comunicación, que fueron los primeros en olvidar códigos deontológicos y entrar en la lucha económica por la atención. La atención y la emoción constituyen, decía Patrick Colm Hogan en los estudios sobre nacionalismo y colonialismo, una arquitectura cognitiva muy concreta. Si el juego se concibe como el entrenamiento para las funciones del futuro y la fuga ocasional de la realidad, como señalaba Aristóteles, es evidente que las necesidades de ese futuro al que debe responder la educación, según repiten las propias instituciones, pasan por la competencia. De hecho, las corporaciones no solo incluyen el *rol playing*, sino que incorporan videojuegos en los procesos de selección.[6] Una de las habilidades más necesarias en el capitalismo consiste en saber competir.

Pero el hecho de que se vincule a la educación, además de configurar las habilidades de l*s discentes según las necesidades del mundo empresarial, aleja la posibilidad de aprender a vincular el placer con un proceso no inmediato ni exento de esfuerzo, es decir, se destierra una concepción inmanente del aprendizaje o, en términos bioquímicos, la oxitocina no es tan productiva como la dopamina. A otro nivel, esto significa que se abandonan los presupuestos ilustrados o, por lo menos, las potencias utópicas, emancipadoras, que latían en ese proyecto.

---

[6] «Empresas que sustituyen la entrevista de trabajo por un videojuego: "Sale tu parte más auténtica"», *El Diario* 11/01/2022: https://www.eldiario.es/catalunya/empresas-sustituyen-entrevista-trabajo-videojuego-sale-parte-autentica_1_8646954.html.«Nawaiam, la aplicación de contratación donde los candidatos siempre ganan aunque la empresa no los seleccione», *Business Insider* 07/02/2020: https://www.businessinsider.es/nawaiam-videojuego-hacer-entrevistas-trabajo-576703

La obsesión por la finalidad es incorporada por los individuos jóvenes, que se configuran para correr estratégicamente tras los objetivos. Pequeños *homo oeconomicus* adiestrados para un espacio civil que es un estado de naturaleza al estilo hobbesiano, esto es, un estado de guerra, pero sofisticado, o mediado por las empresas, pues la lucha por el interés se realiza a través de las estructuras económicas. ¿No es acaso una terapia de *shock* permanente? ¿No se trata de mantener exhausta a la población, noqueados por cansancio?

La acción no se separa de lo inmediato, aniquilando una concepción práctica, ética, que al ser ponderada puede exceder el cálculo procedimental y acercarse a la virtud de la prudencia. La acción, por tanto, no solo es externa, visible, y lo incorpóreo no solo coincide con lo digital. Existen espacios de conocimiento que no se interiorizan con actividades explícitas y aceleradas, sino que precisan tiempo, reflexión, lecturas, memorización, como el calentamiento de un atleta consiste en ejercicios repetitivos antes de ofrecer saltos espectaculares.

La repetición genera también diferencia, y la aparente diferencia no siempre es una diferencia real. La creatividad solo puede surgir de una interiorización tan profunda que permita el salto cualitativo. Sucede también, ya que el modelo es la máquina, en el pensamiento computacional. Sin entrar en los efectos de la repetición mecánica vinculados a un grado cero —sobre el que reflexionó Barthes—, todo eso que se ve en algunas prácticas antropológicas, esas bases pedagógicas muy modernas reconocen que la evocación, la elaboración y la transferencia son tres pilares para el proceso de integración. Esa evocación, que debe incluir una diferencia, pues es cierto que el cerebro está adaptado filogenéticamente para reaccionar a ella, es posible mediante la repetición previa, o es en sí misma, una forma de repetición, también. Una repetición que implica diferencia.

A veces una idea necesita del tiempo suspendido para que tome poso y aparezcan consistencias, fisuras. La imaginación creadora también precisa del aburrimiento. Aprender, reflexionar, no es solo ligar la respuesta al estímulo de manera simple, referencial, manteniendo a los discentes en un estado de hiperactividad.

Ligar el proceso a aspectos emocionales puede tener éxito a muy corto plazo, pero no es suficiente para abstraer las ideas elementales y generar estructuras: es preciso no operar únicamente con la amígdala para desarrollar un conocimiento teórico que se integre en nuevas redes neuronales. Quizá sea apropiado recordar el ejemplo del asno de Jean Buridán, que ilustraba el hecho de que la elección de la voluntad sigue al juicio del entedimiento, esto es, que la motivación emocional es posterior al hecho de que nuestro entendimiento juzgue como interesante un objeto de conocimento.

La educación, como proceso de transmisión de los conocimientos necesarios para la supervivencia y para la buena vida, así como de las competencias para poder pensar nuevas formas más satisfactorias, se ciñe a las necesidades del futuro. Por un lado, que la supervivencia se ligue a la educación puede asegurar no solo la optimización de los recursos tecnológicos en un medio cada vez más degradado, ni siquiera la limitación de la subjetivación a una razón de cálculo, sino que esas fuerzas aprendan a realizar agenciamientos, conexiones en formas cooperativas frente a unas condiciones que pueden resultar cada vez más difíciles para el desarrollo de la vida o de la buena vida humana, y, por supuesto, del resto de las especies. No es tanto una utopía propia de intelectuales que fuerzan supuestas condiciones biológicas, sino que es, por ejemplo, la respuesta cultural que desarrollaban los arapesh, estudiados por Margaret Mead hace cien años, ante un entorno escaso y hostil. Por otro lado, ese futuro no es decidido o deliberado por agentes sociales, y menos por una sociedad que previamente haya profundizado en los temas a tratar y haya reflexionado sobre ellos.

Durante la Revolución Científica la explicación matemática del fenómeno precisa de instrumentos de experimentación para comprobarla, al tiempo que ese conocimiento de la naturaleza debe conllevar un control sobre ella, anuncia Francis Bacon en el *Novum Organum*. La relación ha dejado de ser órfica, y hace tiempo que Prometeo la define. Está a punto de nacer Fausto, de hecho, ha nacido ya, porque el personaje de la obra de Goethe proviene de una tradición popular germana medieval. El resultado de la Revolución no es solo un nuevo modelo del universo, que pasa a ser mecánico, sino aplicaciones técnicas que aumentan la productividad. Ese *logos* como instrumento de la *tekné* que es la tecnología acompaña el proceso de integración del capitalismo, cuya necesidad es la del crecimiento permanente. Las plusvalías absolutas aumentan incrementando las horas trabajadas por los obreros, las plusvalías relativas necesitan innovación permanente en maquinaria. Por otro lado, las fronteras externas se apuran en el proceso de expansión colonial, la generación de fronteras internas o *targets* de mercado también muestran síntomas de agotamiento. Lo ideal es que las burbujas de capital provengan de la misma innovación tecnológica: es así como el relato del progreso tecnológico ayuda al mantenimiento del capital y como aparece la tecnociencia, promovida en los centros de investigación y desarrollo de las propias corporaciones.

La educación, al igual que lo fue la sanidad, es un espacio a explotar.

18:10

Escribo en rojo, con la fiebre que los aviones despiertan en mí. Son cien toneladas de CO_2, de fiebre en la naturaleza. Cuando despegan cierro muy fuerte los ojos y me concentro mucho, como si alzar el vuelo dependiese de mí. Me concentro tanto que es una meditación.

Ahora no expulso lágrimas como quien suda con el esfuerzo, como quien supura un pus, o como quien organiza, rápido, una membrana que cubra un abismo cualquiera, como el metacrilato separa una terraza de la intemperie. Quedan retenidas en forma de edema. Escribo frenética. Los que me rodean miran con extrañamiento: uso libreta y Bic, tecnología antigua, les parezco tan anormal como si elaborase papiro. Aun así, qué curiosa proximidad se teje con los ojos más cercanos del avión, algo similar a la extraña confianza desarrollada con las ventanas del vecindario: ¿acaso no nos permitimos ser vistos como no lo consentimos en otras circunstancias, seres humanos a contraluz que acompañan en la soledad de la celda urbana?

También llevo en el regazo un libro de Louise Glück, que escribe como sonámbula frente a la muerte.

18:18

Iba a ir a la playa con mi gatito, iba a alquilar una casa y estar tranquila allí, viendo olas y evitando aviones y la voracidad del capitalismo, que no puedo obviar de ninguna manera. Pero estaban muy caras, tan caras como viajar a otro lugar y pasear calles y ver como todo deviene un no lugar. Sí, un no lugar, una reproducción más de los parámetros vigentes. Ciudades como escenarios donde no se vive, donde se representa la vida. ¿Qué diferencia hay? Eso es algo que se sabe a través de la experiencia, como la diferencia entre la fresa y el sabor a fresa. Hay ya gente que solo tolera el sucedáneo, por sus aditivos, supongo.

Justo antes de viajar, comenzando el mes, con la superluna que levanta mareas y marejadas en mi agua, en mi alma, supe que mis amigas habían alquilado una casa, todas juntas, pero las emparejadas con hijos, solo. Me enfadé mucho. Me dolió tanto como la grandeza de esa luna.

A partir de una edad el mundo se divide en gente con hijos y gente sin procreación. Estas personas portan la marca del ostracismo, los prejuicios señalan una tara que les impide proseguir el curso de la vida, una cadena reproductiva sin fin, al menos intrínseco. Es algo atávico, los más pobres permanecían solteros porque carecían de patrimonio que transmitir. Los pobres no parecen aportar a la sociedad, pero lo hacen, dan aquello que no quiere recibirse: manifiestan con descaro la condición, como quien lleva la muerte tatuada en el rostro. En el mundo moderno la no reproducción se asocia a gente egoísta, inmadura, ociosa. La sociedad digital sigue siendo una antropología atávica en más aspectos: no se debe decir lo que se piensa, lo que se ha reflexionado, hay que callar y distanciarse, resentirse y seguir utilizando a las personas cuando es preciso.

No se guardan en la agenda del teléfono amistades, se guardan contactos.

¿Cuánt*s amig*s perdí o abandoné? ¿Cuánt*s se perdieron ell*s mism*s? ¿Para cuánt*s era yo un ser complejo y no mera compañía fácil? ¿Qué eran ell*s para mí? Con dificultad me recreo en el consejo que Jean Rouch recoge de la tribu de los dogón: haz *como si*. Como si hicieses la revolución, como si contases una verdad coincidente con los hechos. Haz como si todas estas fuesen tus amigas. Yo sí fui amiga de ellas, no hice *como si*. ¿Pide la sociedad que creamos en ella o solo que hagamos *como si* creyésemos, y el resto viene solo, la creencia o el movimiento imparable de la máquina? *Mueve tus labios en la plegaria y entonces creerás,* recupera Althusser de Pascal para ilustrar la manera en la que la ideología es integrada: *Com'on, save my soul.* Para la creencia te permiten libertad, puedes no creer, si quieres, sin embargo, al necesitar también nosotros la supervivencia tranquila, a la mente le resulta más fácil, qué más da, aceptar la representación que sea. ¿Quién está preparado para la descarnada visión de los noúmenos, como los argénteos trazos de una radiografía?

Memorizar y pensar

Repite conmigo: el nuevo sistema educativo hace hincapié en aprender a pensar y no en memorizar. De nuevo: pensar y no memorizar. ¿No es lo que queríamos, gente independiente e informada, dignos ciudadanos?

Las teorías del conocimiento han asentado un proceso inductivo, prefigurado algún milenio atrás: se perciben estímulos a través de la sensibilidad. El entendimiento, ayudado por la memoria y por la función reproductora de la imaginación, aprende los términos que designan esas realidades percibidas y sobre ellas los aplica, unificando, organizando lo múltiple. El entendimiento es capaz, por tanto, de realizar un proceso de abstracción por el que se omite lo accidental de cada cuerpo y se comprende lo común a un grupo. Eso común a un grupo de cuerpos se percibe como universal o forma, que, para Aristóteles, inicial autor de esa gnoseología, subsiste en la especie —aunque para otras filosofías posteriores, como el nominalismo medieval o el empirismo moderno, no tendría por qué existir como tal—.

La memoria, por tanto, ayuda a aplicar las categorías aprendidas a la realidad y a hacer conexiones entre ellas. La cognición es, entonces, un pensamiento mecánico, un pensamiento arcaico, como decía Mosterín. Por eso el ojo ve lo que la conciencia es capaz de percibir: una vez formado el concepto a partir de la exposición a la experiencia, es posible ir percibiendo esa realidad progresivamente, con mayor sutileza o profundidad. Algunas cosas requieren de un mayor tiempo y paciencia para formarse, debido a su complejidad o profundidad. En términos neurológicos, una vez formadas ciertas estructuras sinápticas somos capaces de recibir esa realidad que ellas recogen y recrean. Habrá que ir ampliando, por tanto, la conciencia, para poder *ver* más, algo sin ninguna relación con la hiperrealidad. Un aprendizaje cognitivo activo es relacionar evocando, de manera que se integren los datos, ampliando, así, constructivamente los esquemas mentales previos. No es una hiperestimulación.

En este punto, la propuesta protoempirista es combinable con el racionalismo: las estructuras neurológicas —que se crean con la experiencia— funcionan como *ideas* hasta cierto punto *a priori,* como potencias que reproducen o representan algunos estímulos externos. Hasta podríamos recordar a Empédocles: solo se puede reconocer lo que ya está en uno. Incluso superando lo epistemológico, la propia experiencia vital nos dice, por ejemplo, que no reconoce la bondad quien no es bueno. De la misma manera, el bueno tiende a pecar de inocente al entender que los demás también lo son, y su pensamiento es simplificado hasta el absurdo por aquellos todavía incapaces de pensar. Es posible que el bueno no se haga esencialmente malo y desarrolle la sabiduría.

Proyectamos y recibimos, recibimos y proyectamos. Además del entendimiento, que en su actividad puramente clasificatoria coincidiría con el denominado por el Estagirita como «pasivo», la facultad de la imaginación nos permitiría especular sobre las relaciones posibles, entre los términos y los estímulos, entre los estímulos y entre los propios términos. En ese sentido, siguiendo la epistemología kantiana, la imaginación anticiparía la razón. Sin embargo, esa concepción de la imaginación está apegada al principio de realidad, llegando a alterar esa realidad o ayudando a darla por sentada como verdad, diría Hume. Existiría una imaginación creadora, necesaria incluso para la ciencia: ayuda a establecer hipótesis y a reformularlas. Este tipo de imaginación es capaz de ver otros posibles. Cuando alguien piensa una utopía, está creando con su imaginación un *poder ser* diferente a lo que está siendo.

Entonces, cuando se hace proliferar un discurso pedagógico que sustenta metodologías vinculadas a procedimientos digitales, atravesada la experiencia por la máquina supuestamente adaptable a cada singularidad —¿para qué se necesitará en el futuro a los demás?—, máquina que no funciona ya como instrumento de la actividad, sino que pasa a ser el medio necesario para que la experiencia pedagógica se dé, lo que se fomenta es la aplicación mecánica, ajustada, rápida, eficaz, de respuestas a estímulos. Se repite que la adquisición del conocimiento no se limita a recibir su transferencia, es decir, contenidos. Así, se presenta la actividad, entendida en el sentido occidental, como estado óptimo para el aprendizaje, tratándose, en realidad, de un grado elevado de reactividad en el que se reacciona a modelos simples. Frente a eso, un estado de solo aparente pasividad, el mismo que se despliega durante la lectura, por ejemplo, permite desarrollar los elementos necesarios para una cognición más sofisticada, ligada a la prefrontalidad.

Además, en un aprendizaje significativo, los antiguos conocimientos se van integrando hasta constituirse como estructuras que facilitan la adquisición de otros nuevos que tendrán el mismo destino, esto es, integrarse como competencia, pues la estructura es una capacidad que permite operar, pero está hecha a partir de la integración de objetos de conocimiento —que permitirán la acción—. Es decir, se pasa de la substantivación al verbo, a la capacitación. Ora bien, sucede hasta en ejemplos extremadamente prácticos como andar en bici: una vuelta de pedal, otra vuelta, hasta integrar la pauta del movimiento, pero necesitas la bici como objeto. No es posible, por tanto, capacitar ni pensar sin contenidos: pensar es conectar categorías que el entendimiento aplica a los fenómenos organizando juicios y, a su vez, argumentos.

Es ese razonar lo que permite distanciarse de algo y verlo como objeto de reflexión y crítica. Adaptarse a la realidad es una cosa, conocerla —como conformación espontánea o interesada de lo real—, otra, y pensarla es una tercera, distinta. Conocerla —o aplicar con rapidez y hasta instintivamente categorías a hechos— ayuda a sobrevivir en ella; pensarla la pone en tela de juicio. Entonces, ¿se está hablando en realidad de aprender a pensar? ¿O se trata de que el cuerpo asimile el procedimiento mecánico de la máquina? Lo que se obtiene son sujetos altamente funcionales cuya cognición se restringe a la reacción frente a las posibilidades dadas. Un entendimiento pasivo altamente sofisticado elimina aquella dimensión activa del entendimiento que Aristóteles definía vagamente como una luz que ilumina la actividad mecánica.

La memoria, por tanto, es necesaria para pensar pasivamente, en primer lugar. Como el olímpico antes de realizar saltos mortales ha practicado con la repetición la fuerza, la potencia, la velocidad. Los instrumentos del pensamiento más básico son los conceptos y el desarrollo y el perfeccionamiento de una técnica implica repetición, la repetición genera diferencia, aunque deba esperarse hasta que se produzca, como aquel estar maduro para los frutos, una vez que los frutos necesariamente, a diferencia de nosotros, han madurado. Como en los cuentos orientales, el maestro aconseja dar vueltas al patio con una taza llena sin derramar una gota de té para encontrar el ser, hay momentos para volar y hay momentos para andar descalzos, a veces el suelo está frío.

Se están perdiendo competencias en el cálculo, porque es repetición y supuestamente antipedagógico, la sintaxis —o la gramática en general— es denostada, pero su práctica puede ser tan lúdica como un sudoku o un crucigrama. No como una máquina tragaperras, claro. Permite, además, asimilar las estructuras fundamentales del pensamiento lógico, lo que facilita para empezar, en tanto que relación metalingüística, detectar falacias formales o materiales.

La escritura favorece que este proceso se dé, porque delimita con claridad conceptos, ayudando y liberando, a la vez, la memoria. Permite que el pensamiento continúe el viaje. Por el contrario, asistimos a la reinstauración de la oralidad como modo hegemónico que suplanta el lenguaje escrito. La oralidad estaba esencialmente vinculada al pensamiento simbólico, de gran riqueza y nada inferior al lógico, pero no permite la perspectiva crítica, la impugnación. Sin embargo, tanto textos como imágenes son actualmente referenciales, denotativos, planos. Aptos para un rápido consumo y para un escasa posibilidad de desarrollo del discernimiento, también llamado inteligencia.

La bulimia escópica que se usaba como tratamiento para la reprogramación psicológica y la integración social en *La naranja mecánica* (1962) parece emplearse ahora de forma genérica. La perspectiva crítica, por esto, se aleja de la tolerancia, al dejar de ser fruto de un proceso de reflexión que confiere la capacidad para moderar el juicio.

Los manuales son de información icónica, ya no de conocimiento: aunque no parezca relevante su distinción y se desprecie el registro de conceptos, dificulta la explicación, que hay que realizarla igualmente, pero con menos referentes textuales. En otro orden, el conocimiento adquirido podría emplearse para especular sobre aspectos que no pertenecen a la dimensión estricta de la producción y el capital. Con tal acción el pensamiento, ayudado de una imaginación creativa, podría alcanzar altos vuelos lejos del principio de realidad o de las relaciones causales implícitas en el presente. Podría incluso desarrollar una capacidad analítica y crítica.

Es posible predecir, en el sentido etimológico que vincula el decir a un decir racional, causal, al *logos*, pero no se permite prever, en tanto que el ver se vincula a la *teoría,* a una contemplación extática, fuera del orden de cosas. Es el arte el que enseña a mirar, pues el arte, entendido desde el Occidente del siglo XX, enajena lo establecido: lo cuestiona y abre, con dispositivos semióticos, las lógicas de lo real a otras por hacerse. El sistema educativo imita el sistema productivo y todos los que forman parte de él corren agotados hacia la revisión de todos los contenidos con tiempos y *ratios* no viables: es el toyotismo, la implementación de los ritmos productivos en educación mientras se venden criterios humanísticos, con los cinco ceros: cero error, cero avería, cero demora, cero papel, cero stock.

¿Quién está interesado, entonces, en evitar futuros más allá de los marcados y en olvidar pasados, que también ofrecen otras formas posibles de realidad?

18:42

La sociedad ahora ni siquiera sabe hacer colas. Pensé que era algo propio de los *idiotés* de siempre, pero eso se ha erigido como nueva cultura: aglomerarse, husmear, comerse a los demás. Cuando parece que no hay códigos se dice: «¡No hay cultura!», pero sí los hay. Siempre hay código, no existe la vida sin signos, la *zoé* sin forma. En eso consiste esta cultura: los cuerpos que se despliegan frente a mí con nerviosos movimientos ritualizados ocupan el espacio dibujando amplias parábolas con ellos, territorializando más de lo que necesitan y más de lo que es debido, sin saber, siquiera, que lo hacen. Cada uno es un soberano que funda su ley con cada acto. El conflicto nace porque el otro, cómo no, ha de someterse a ella, ser su súbdito. Creo que están de moda las series de linajes y fratrias, no de ciudadanía.

En el asiento contiguo se acomoda un hombre cuyos ojos me juzgan por tener las piernas abiertas según el ancho de mis caderas, que equivaldría al ancho de sus piernas bien cruzadas, si él probase esa postura, que no es el caso, porque el caso consiste en un dichoso *manspreading*, tan ambicioso que hasta tengo que mostrar que mi codo no se apoya en el reposabrazos. Yo no soy sujeto legítimo para significar la ocupación del espacio, ¿me entiendes?

Es más grave: no hay apertura de la mónada hacia las otras. ¿De qué manera, de no ser así, es concebible adentrarse en el espacio ajeno antropológicamente definido, tradicionalmente interiorizado, y no decir, por lo menos: «¿Hola?, disculpa...» Disculpa no, porque en el mundo de las relaciones de fuerza se percibe como una claudicación, y se necesita fortaleza para asumir esa posición. No es una idea nueva, la señora del Leño lo decía en *Twin Peaks*: el diablo es diablo por cobarde. El cobarde necesita la fuerza, y enemigos.

La sociedad de control no precisa de las técnicas sociales de la disciplinaria, no necesita hacer colas ni respetar el espacio, cada sujeto ya está suficientemente monitorizado.

Siempre pertenecí a un futuro que no fue, a la línea de acontecimientos que no se escogió. Porque el mundo también desplegó su subconsciente.

19:07

No quise recibir limosnas, aunque acepté muchas. Porque es de buena educación tomar y agradecer lo que te ofrecen.

Antes las azafatas eran amables, artificialmente amables, el prototipo de *flute-girls*, como decía un Sócrates platónico traducido al inglés. Chicas para servir y agradar. Ahora ya no. Son desagradables, de hecho. Rompen el personaje porque están cansadas, por el trabajo y por el trato con la gente. Todo el mundo está cansado, del trabajo y de los demás.

No se trata de aguantar, se trata de vivir. No se trata de dejar de vivir para poder sobrevivir. O quizá malinterprete yo el capitalismo y las condiciones laborales que genera. Quizá nos está liberando pero no sé recoger esa emancipación. Eso sí, yo solo vi feliz —o indiferente— en su puesto laboral a una camarera cortando aguacate con la punta de los dedos, aplicación del *slow motion* y *céntrate en el instante*, o como si le estuviese preparando, con cariño, algo de picar a un ser querido, o como si estuviese grabando un vídeo de recetas para una red social. Antes todo el mundo era un potencial artista; ahora, una *influencer* habita en nosotras, y en ellos, cosa del género, habitan líderes.

Esos ritmos lentos, esa vuelta al pasado, ¿es el nivel avanzado del capitalismo al que aquí abajo todavía no hemos llegado? Rostros impecables, inmutables, se multiplican en los centros del sistema. ¿Es estoicismo o es *bótox*? ¿Debo trabajar yo también así, ajena a las presiones del mundo? ¿Está el mundo bien, tranquilo, satisfecho y soy yo la que tomé doble dosis de café en el desayuno? Es gente tranquila que piensa en la manicura y reduce a ella el cuidado de sí. Y lo consiguen mejor que yo, de eso no cabe duda. Solo dudo de esta hipótesis cuando parezco ser la única enterada del límite de velocidad en núcleo urbano: 30km/h.

19:15

Una señora en el asiento contiguo ojea el catálogo de cosméticos. Todas las mujeres anteriores a mí en la cola, yo también, tuvimos que revisar, recolocar y, en abundantes casos extremos, tirar tónicos faciales en el control de seguridad. ¡Y cuánto duele separarse del agua micelar de algas que elabora Yves Rocher para conciencias como la mía!

Todos esos materiales peligrosos que requisa la seguridad del aeropuerto se venden al otro lado del detector de metales —y de champús—.

Contactos por amigos.
¿Políticas de amistad?

Como en las aplicaciones de citas, que reproducen de manera menos sofisticada aquel episodio de *Black Mirror*, «Cincuenta millones de créditos», vamos descatalogando personas con un displicente movimiento de la mano. Una mera impresión basta. Al fin y al cabo, es probable que esas otras personas tampoco nos conciban como tales. Una figura, un *freak*, un extraño potencialmente usable para algo. La selección es rápida, al igual que el uso y el desecho. Estamos entrenados para la gestión mecánica, eficaz, de estímulos. Cualquier otro, tal y como indicó el empiriocriticismo, es solo un conjunto biofísico, unas cadenas bioquímicas, algo que está fuera de mi representación y que solo aparece como tal en tanto que se configura como medio para alguna necesidad propia.

Norbert Elías explicó el paso de las sociedades militares a las sociedades comerciales durante la Modernidad. Este proceso histórico se había dado ya: el paso del mito al *logos* es sostenido por ese mismo devenir. Las sociedades de guerreros defensores, de *aristoi,* cuyos valores comienzan en el coraje, pasan por las artimañas de Ulises, que indican la necesidad de ir incorporando nuevas y más amplias formaciones para la guerra, que incluyen la infantería y, por ende, la necesidad de racionalidad estratégica. Atenea la representa y esa *ratio* abre paso a la unidad de medida abstracta que constituye la moneda, instrumento esencial que eleva el estatus de los comerciantes y sus necesidades sociopolíticas.

En la Modernidad, la emergencia de la burguesía financiera y de la economía de mercado abre paso a un mundo que en teoría no se dirige por la lucha, sino por las negociaciones. Nace la diplomacia y, de hecho, hemos escuchado a un líder político insistir, a propósito de la guerra de Ucrania, que la Unión Europea respondería con sus armas, que son las económicas. También manifestó que desgraciadamente el mundo no era kantiano, sino hobbesiano. ¿Qué significa esto? Que no queda esperanza en un proceso de iluminismo por el que, con esperanza, los seres humanos incorporan los valores de la razón y el diálogo y, así, el respeto y los pactos, sino que las pasiones no ignoran nuestros cuerpos y estos están configurados para la guerra de todos contra todos. Incluso significa, según Hobbes, que el desarrollo del raciocinio no tendría nada que ver con la luz del conocimiento y del bien, sino simplemente con la sofisticación de la cognición —y del ser—, que extiende sus territorios hacia el terreno de lo simbólico y nos adentra en la virtualidad del futuro: las posesiones muestran un estatus en el presente, asegurando un cierto trato social, de la misma manera que afianzan la posibilidad de permanecer en el ser en un tiempo por venir lo más duradero posible. Por eso querer trabajar es una voluntad, consideraba Hume en sus *Ensayos económicos* (1752), que puede ser atizada por nuestras pasiones: el deseo, pues, como motor productivo.

La lucha por los recursos se justifica con relatos que presentan a los unos como buenos y a los otros como malos. El propio Schmitt entendía que la guerra no tiene justificación moral, su única —y total— justificación es la supervivencia de un modo óntico. Ese líder político, por lo tanto, con conciencia o sin ella, se aproximaba a él. Schmitt ignoraba cómo se podía sostener el liberalismo, pues la divergencia de intereses con dificultad, creía él, podía mantener la unidad del Estado. Sin embargo, los intereses particulares no son tan distintos, difieren los organismos que los desean.

En cualquier caso, en la disposición teórica contractualista se presenta la necesidad de preservar la esfera privada, incluso en Hobbes, en lo que a actividad económica se refiere. A pesar de existir un espacio común que preservar, el de la sociedad como tal, que quizá ya no se sostenga con el neoliberalismo actual, pues hipertrofia lo privado en detrimento de lo público —y Hegel lo advirtió—, existe un factor de disociación. Este tipo de *socius* siempre está a punto de romperse, porque se insiste, como mantra hobbesiano, en la maldad humana como algo esencial, motivo por el que debemos desconfiar y protegernos.

Mientras que Kant, un siglo después del asociacionismo, proponía una ética sostenida en la concepción del otro como un fin en sí mismo, el marqués de Condorcet concebía a cada miembro del grupo social como un *homo oeconomicus* que libremente, al parecer, interactúa con el resto en términos económicos. El otro, por lo tanto, es un medio para conseguir objetivos, o un obstáculo, y la razón, razón de cálculo. Curiosa sociedad que toma a los objetos como fines en sí mismos y a los seres vivos como medios. El otro, en cualquier caso, no es un enemigo que abatir en las composiciones económicas. Sí lo es en la terminología propia de las sociedades militares y del fascismo, como analizó Elías, pues las circunstancias pueden modificar su condición con respecto a los intereses propios. Es, por tanto, un adversario y potencialmente un aliado. Pero ambos tipos de sociedades se superponen de forma aporética, de manera que, a pesar de la insistencia económica en los agentes de socialización institucionales, observamos con claridad atónita la apelación a guerreros aguerridos en los agentes de socialización informales, como la industria cultural (películas, videojuegos, etc.).

Estas políticas de enemistad que no llegan a materializarse en la forma de políticas de amistad, como intentó pensar Derrida, constituyen la base ontosocial, es decir, el modo en el que las personas se relacionan con otras. Potenciales aliados con objetivos comunes, más que amistad, es lo que alarga la lista de contactos de cualquier teléfono móvil. Amigos como contactos o amigos como figuración, tal que en *Familia* (1996), de Aranoa, película en la que el protagonista pagaba por tener cierta compañía y simular afectos.

El asociacionismo es originalmente propuesto por los atomistas griegos, en consonancia con su formulación física, pero el individualismo de la modernidad no hunde sus raíces solo en la filosofía política: en cuanto al conocimiento, desarrolla la gnoseología, esto es, se centra en explicar cómo conoce el sujeto. En repetidas ocasiones se queda sin demasiada artillería para evitar el aislamiento del mismo con respecto a algo llamado mundo, con respecto a algo externo a él. De hecho, el propio concepto de verdad vigente se confronta a la *aletheia*, que buscaba retirar los velos de las apariencias para llegar a la cosa en sí.

La verdad moderna, esencialmente por correspondencia, pone su foco en la proposición que se adecúa o no al estado de cosas, esto es, en el pensamiento lingüístico del individuo. Parece darse una retirada del mundo, sin embargo, se trata de engullirlo: el sujeto se come el mundo y no se trata de la antigua correlación entre macrocosmos y microcosmos, sino de una pertenencia epistemológica. Lo conoce porque lo crea. Así el conocimiento que instrumentaliza y domina inaugura el *homo deus*, hace nacer a Fausto. Por un lado, es claro que, así, los demás son elementos de la virtualidad personal. El ser humano no es un lobo para el ser humano, dejen a los lobos en paz. El ser humano es un ser humano para el ser humano.

—¿Cómo, profe? ¿Que el ser humano es un *logo* para el ser humano?

La ironía es que ahora el ser humano sí es un *logo* para el ser humano. Una marca de sí mismo, su significante, su valor simbólico, su *icono*, o su búsqueda. Por otro lado, es factible considerar que la epistemología produce la ontología —antes de generarse una relación bidireccional—, por eso es importante conocer los valores con los que se está definiendo el conocimiento, porque en función de ellos tendremos unos u otros sujetos. Así, partiendo del asociacionismo, el utilitarismo como ética propone un máximo bienestar con un mínimo de dolor. El bienestar social que proponía esta corriente se viste de máximo beneficio personal. Sin embargo, a pesar de que solo visitamos el mundo antiguo para ver ruinas sin entenderlas, era fácil distinguir términos.

Aristóteles diferencia tres tipos de amistad, y dos de ellas no lo son, realmente. La amistad por placer, propia de la juventud, busca aliados para la concupiscencia. La amistad por utilidad, que no precisa definición y es más válida para edades maduras, y, por último, la verdadera, que, siendo la única no accidental, basa su fortaleza en el deseo de bien para el amigo, al que se quiere por lo que es.

Además, ese amigo, como las virtudes griegas, nos ayuda a entender nuestros límites, debilidades o defectos, y a superarlos. No es algo que se comprenda en el mundo actual: para el «yo» existe solo el reconocimiento, y para un ego narcisista aquello que no rompe su fragilidad extrema con cualquier elemento externo que no sea su inflación y su reflejo. El idealismo extremo que en realidad rige el mundo desmaterializado invoca, defiende, que la realidad se ajuste al sujeto, eso sí, la realidad como relación entre individuos, no como condiciones estructurales, materiales. Este mundo actual parte del modelo político liberal que habla de individuos y familias como únicos elementos naturales. La sociedad es un constructo artificial y la comunidad, algo que restringe nuestros deseos hipertrofiados. Se concilia bien, por tanto, con un modelo conservador que enarboló explícitamente Thatcher: no veo sociedad, solo veo individuos y familias. El triunfo de los modelos conservadores neoliberales, o de la ultraderecha actual, se basa en el sostén del deseo particular y de la familia privada, en la que los padres se proyectan en los hijos.

También desde la izquierda se configuran modelos de socialización que reproducen los modos burgueses más conservadores, de manera que no se inocula una perspectiva crítica y transformadora con respecto a ellos, sino posturas incapaces de reconocer y lidiar con subjetivaciones diferentes. La propuesta de Kollontai, basada en relaciones afectivas fundadas en la amistad y fuera de la estructura de familia nuclear, fue rechazada en su momento. Y las subjetivaciones disidentes que se aceptan son aquellas que mimetizan la dinámica productiva y reproductiva.

Cuando se pretende solventar la evidente ruptura del tejido social, que consiste en la incapacidad (del ego) de coexistir con lo diferente, se incorporan los cuidados como lubricante de las relaciones. Ora bien, esos cuidados parten de la reivindicación de la labor, atribuida tradicionalmente a las mujeres y no reconocida como trabajo ni como afecto. No obstante, esos cuidados no se generalizan en el trato con el otro, sino que se restringen a uno mismo (autocuidado) o a los seres que forman parte de los núcleos próximos. Es verdad que Aristóteles reconocía en la antigüedad un cierto sentido común en favorecer antes a los amigos que a los extraños, sentido común mantenido por ciertas corrientes éticas que pretenden ser biologicistas y atender a la configuración filogenética del *sapiens,* tribal, y, por consiguiente, dispuesto a los allegados. No obstante, habría que señalar que el *sapiens* tiene como posibilidad la plasticidad neuronal y, como otras especies, la empatía.

Cuando se aplica esta visión al ámbito laboral se intenta superar la —supuesta— clásica distinción de lo privado frente a lo público y, con ella, la tradicional segregación de seres, pues la vida privada era entendida como menos relevante: es doméstica, no es transcendente. Sin embargo, el neoliberalismo, llevando el pacto social liberal hasta su extremo, hipertrofia la dimensión privada y la superpone a cualquier concepción pública o comunitaria. Le resulta rentable esta estrategia, porque los miembros de la sociedad incorporan el *nomos,* la convención, y la conciben como una ampliación de la libertad *subjetiva,* pilar de la modernidad. Así se captura el planteamiento de los cuidados, pues se mantiene en la dimensión intersubjetiva e inhibe la transformación total de las relaciones en el trabajo, y con el trabajo. Acaso, si las condiciones laborales se mejoran en un plano estructural, ¿no se promueve, de forma derivada, el cuidado psicológico y social?

¿Suple o transforma, realmente, el relato de los cuidados la concepción utilitaria de la amistad? ¿Existe realmente un relato de los cuidados para los no amigos? A los dignos de afecto, con conciencia de ello, les surge rápidamente el deseo de amistad, pero la amistad como tal requiere de más tiempo. La amistad debe ser la base de la *polis:* la *philía politiké* o las necesarias relaciones fraternales han de ser el sustento social. En ese sentido, podría asegurarse como modo relacional: la amistad real se fundamenta en la virtud, lo que anularía contingentes y poco consistentes relaciones basadas en intereses comunes, por lo tanto, de homogenización nómica o tribal. ¿Por qué no activar otros modos de la razón, más allá de los que se desarrollan mecánicamente a partir de la inclinación de los deseos —inducidos biológica o económicamente— y su ocasional represión?

No parece que seamos muy capaces de implementar, por el momento, la propuesta dialógica de Habermas: escucha al otro con voluntad de acceder a ese otro y respetarlo. Asume el disenso, si es necesario, no pasa nada si no existe solo la mímesis, un reflejo de mi mónada en el mundo. Esto implicaría entender que ese otro es *de iure* un igual, pues el diálogo se da *inter pares,* y que ese que es igual a mí jurídicamente puede ser diferente a mí ónticamente. El diálogo es una manifestación de respeto y reconocer el estatus de interlocutor conlleva el compromiso de viajar a zonas del «yo» sobre las que se hace difícil sostener la mirada. Sin embargo, lo que no me reafirma es rechazado y, ciertamente, simplemente se trata de hacerlo desaparecer con el mínimo gasto energético o volcar todo el rechazo en su aniquilación, por eso estamos en la era del *ghosting* o de los *haters.*

20:01

Sentí que era obligada la visita al Museo de los Trabajadores. Una exposición reproducía la casa de una familia obrera a finales del siglo XIX —y celebraba cómo esa familia había conseguido después de treinta años contar con más de treinta metros cuadrados como espacio de vida y ver algún árbol *residencial* a través de la ventana—. Se exhibían también viñetas de un ilustrador danés. Una de las cartelas que contextualizaba la obra se preguntaba cómo era posible que, de todas las utopías imaginadas, se materializase un presente tan alejado de ellas. Ahí dejé de sentirme sola, excéntrica. Bueno, también me pasa cuando veo *memes.*

A algunos les pertenece el futuro, a mí el pasado. No el pasado de los hechos, el pasado contingente, sino ese tiempo en el que se pudo haber pensado —y manifestado— otra cosa. Un pasado ontológico o transcendental. Quizá me pertenece un futuro siempre por venir, la línea disjunta.

Aterrizando, del mar donde antes nacían las diosas, ahora emergían eólicos. Las ondas que plegaban las aguas eran producidas por el movimiento de las aspas. Eso es el progreso. Eso, y vasos de usar y tirar junto a las tazas del café con eslóganes de Mr. Wonderful, para que escojas con libertad si quieres representar la calma de la vida tranquila o si quieres sentir la rápida vida de los triunfadores. No te preocupes por la huella, llevan etiqueta *green*.

19:28

Pensé que estaba vacía, y no es que esté llena. Nacen forúnculos que me conectan en rizoma con las partículas de realidad, nuevos circuitos por los que emerge esta vida virtual y sin pantalla.

19: 42

Vuelven las turbulencias, es una media verdad que se presenta como algo coyuntural, contingente. Los espacios turbulentos se multiplicaron por tres en los últimos años debido al cambio climático, subrayó la prensa anteayer, a la vez que advertía sobre la ecoansiedad: hay que afrontar los tiempos duros con calma e inacción. Eso también fue lo que, al parecer, recomendó el presidente danés ante la ocupación nazi. Así lo leí en el Museo dedicado a las personas que organizaron la resistencia, que ofrecieron su vida para que los demás siguiesen viviendo y votando igual, ponía la cartela. Todo muy triturado, todo muy Kristian y Hansel, todo muy individuos concretos en sus espacios privados, escucha su historia, mira su camisa con el agujero de la bala que los mató. El drama que nos hace permanecer donde estábamos. No aprendí ninguna táctica contraofensiva.

Cómo poder llorar por la memoria, y nada más.

Pero eso queda lejos y el pasado nadie lo quiere, huele a cerrado, a humedad, a tiempo.

A veces se piensa el pasado por no pensar el presente. A veces nos culpabilizamos por el pasado para no hacerlo sobre el presente. *La zona de interés* (2023), de Jonathan Glazer, sitúa el bonito jardín de la familia de un coronel de las SS colindante al muro de un campo de concentración. Habla de la banalidad del mal. A través de ese pasado señala cómo en nuestro presente tranquilamente pretendemos ocultar con enredaderas floridas los efectos de nuestras acciones ordinarias, los efectos de nuestra voluntad anulada. La ideología trabaja bien, ridiculiza al que señala el horror y cuestiona la evolución.

Vemos cómo portaron las toneladas pétreas de las pirámides o del Partenón, vemos cómo la antigua arquitectura persa evitaba los cincuenta grados del desierto. Vemos un taumatropo prehistórico confiriéndole movimiento a la figura de un ciervo, como las pinturas de Chauvet bajo el parpadear del fuego. Vemos que hay momentos de luz y momentos de oscuridad, que más nos asemejamos a los meandros perdidos de las cuencas fluviales que a la estela del cohete que revienta, por cierto, contra la atmósfera terrestre.

La representación como realidad

Me preguntó si había ido ya a ver *Barbie*, si lo iba a hacer. «Todavía no», contesté, «pero he visto la promoción internacional». Carteles enormes, artículos sobre trajes rosas y estrenos que consistían en vestirse *como si* pertenecieses al mundo de la muñeca, con algunas interpretaciones que se acercaban confusamente al universo del porno.

—¿Vamos juntas? Quiero comprobar si es divulgativa o si es tan divulgativa que resulta un *bluf.* Ir acompañada es una apuesta segura: aunque la película no satisfaga, la compañía de una amiga ya es grata y la purga analítica que se realiza cuenta con un *feedback* que alivia y estimula.

La cuestión de género se ha establecido en la agenda mediática, institucional y cultural durante los últimos años hasta el punto de ser totalmente capturada por el sistema: *Barbie* bate un récord, un billón de dólares en diecisiete días. Dicen que el cohete saldrá del sistema solar, se ignora dónde topará el techo de recaudación. El lavado de cara que la estructura de capital realiza con distintos colores, *pink* o *green,* mejora su aspecto. Wendy Brown insistía en la baza del neoliberalismo, que ofrece su tolerancia y con ella, del envés, una suerte de superioridad moral.

Parece nutrirse de las bases teóricas del liberalismo político clásico para, con una mezcla más o menos sutil, desarrollar un programa económico que en muchas ocasiones agrede a la base teórica, política, en la que dice sostenerse. El caso es que la relevancia del individuo y del aura que lo circunda y constituye su esfera de privacidad es, como la circunscripción descrita por las murallas romanas, espacio sagrado. El individuo se asume como un cuerpo neutro con derecho a expresar sus singulares pensamientos y deseos. Las pasiones son individuales, pero genéricas, y parten de asegurar la supervivencia, después desarrollan sus excesos, y los pensamientos no son opiniones, sino que más bien se acercan a los *idola*. Apuntaba Sartre que, en su origen, los *idola* fueron considerados por Platón también con existencia propia, no como originales, pero sí en tanto que objetos. Por tanto, el simulacro que constituye el mundo seriado es una entidad en sí misma, y su correlación epistemológica, la opinión, se adhiere con fuerza a lo que opera como fetiche en forma de creencia.

—Pero a mí me parece importante la identidad.

—Desde luego, pero mi recuerdo es este: ahorré para comprarme una Barbie. Mi amiga, hija de profesionales liberales, tenía la Barbie Romántica, vestida entre dama de la Corte y protagonista de *Dinastía*, y también a Ken y la cocina y la caravana y el jacuzzi. Yo compré la Top Model con mil quinientas pesetas, era la más barata y, cosas de la serendipia, creo que me pega más esa aparente movilidad social que tiene como finalidad sostener el sistema entreteniendo con ficciones. La cocina y el dormitorio los hice cortando y pintando madera. Cosí colchones y vestidos. La Barbie no es solo una cuestión de género, es una cuestión de clase. Eso no aparece en el producto *mainstream,* que centra la evolución social en relecturas que acogen la diversidad horizontal, careciendo de mirada vertical.

La diferencia en Occidente se ha entendido como la oposición a lo que es, como algo que no coincide con lo que prioritariamente es: se necesita a la alteridad solo para afianzar la identidad, que es el existente de mayor intensidad, el punto de vista desde el que se organiza el mundo. Para conceptualizarlo se parte de *tipos* que se ajustan a los *hechos* o a los *fenómenos* que la conciencia —pasada por universal— capta o recrea.

La identidad, el ser y la diferencia se sitúan en el ámbito de la representación, por eso alivia encontrar una con la que identificarse y, así, ser reconocido dentro del grupo social. Es bueno evitar el ostracismo, el castigo del grupo, por no asimilar estrictamente las funciones y las formas sociales. Si, además, inducen la sensación de que no solo puede haber identidades, trazos, con los que identificarse, sino que además es posible crear una propia, el alivio se lanza hacia los terrenos de la libertad. Cuando Nietzsche articula la crítica a esta genealogía y, específicamente, al positivismo, que obvia las distintas posibilidades culturales que dan lugar a distintos hechos y delimita su mirada a las formas de la sustancia, abre la posibilidad a pensar la diferencia de otro modo. No solo la diferencia de los cuerpos desde aquello que no son, sino, incluso, una lectura diferente de la secuencia de los hechos, de la historia, de las sociedades. Ya no se trata solo del ser y del deber ser: existe el poder ser. Existe, además, un caldo de cultivo informe que Nietzsche recupera de la Grecia Arcaica y que, entiende, se ignoró o reprimió con el inicio del pensamiento occidental hegemónico: aquel Dionisio o Aión, un tiempo sincrónico y dinámico, realidad intensiva que produce y contiene la multiplicidad, que vuelve a emerger en la física cuántica. Comienza el inicio del fin de la Modernidad y abre la veda a la Posmodernidad.

Ora bien, ¿acaso las fuerzas hegemónicas del sistema han asumido la crítica a la metafísica tradicional o simplemente han limitado las formas de representación al estriaje de un espacio liso que aparentemente dispone en horizontal todas las realidades, presentando tal cosa como la democratización de la realidad? Por otro lado, el régimen de representación se mantiene relevante, aun fragmentado, porque la tradición política liberal mantiene su promesa de representación política para poder ser incluido en el espectro de la ciudadanía. En ese sentido, parece que la representación —y la exposición— es necesaria para asegurar ciertos parámetros de existencia política. Además, la tradición vincula el decir y el crear, desde el pensamiento parasimpático al bíblico *en el principio era el Verbo*, siendo el Logos la ley física, la racionalidad capaz de comprenderla lógicamente, y la palabra que la expresa. En la Grecia Arcaica, antes de la fundación de las metafísicas dualistas, ser y aparecerse coincidían, de manera que no existía diferencia entre un hipotético sustrato profundo y el fenómeno, lo que se aparece, aspecto nada baladí en una posmodernidad que se muestra como la defundamentación del ser.

La tradición spinozista, recogida por Deleuze, plantea el ser como expresión en un campo de inmanencia. Pero el campo inmanente es el mercado y el plano de representación se realiza sobre él y a él pertenece: ese solaparse de lo económico y lo político en el nacimiento de la Modernidad, afirmación que podría abarcar más momentos históricos y lugares, desplaza la representación hacia el mercado: representarse, exponerse, conforma *targets* —y no sujetos políticos— para atender con diligencia. Por eso, cada emerger representacional en el campo de inmanencia del mercado funciona como propulsor de capital.

Para algunas corrientes, dentro de los parámetros marxistas, resultó anacrónico distinguir entre infraestructura y superestructura, porque en la realidad los conceptos no están claramente delimitados como en el mundo de las ideas, pero eso no invalida su utilidad epistemológica. Además, la relación entre los planos material y cultural es bidireccional desde que se determinó la terminología. Pero hay otro aspecto: volver indiscernibles los dos niveles de la estructura social ayuda a evitar el debate sobre lo económico, lo que Wendy Brown señaló como inhibición esencial de la libertad neoliberal: se puede hablar de todo, menos de economía.

No se puede prohibir, estimularía lo prohibido, de manera que lo óptimo es hacer lo que en realidad siempre se ha hecho en las teologías antiguas: convertir lo que se quiere inamovible en transparente, como el animal o el niño que permanece quieto para no ser visto, de manera que se torne universal, orden natural de las cosas. Eso sí es transcendental y, como el espacio del soberano antiguo, lo *sacer* o ámbito de lo constituyente, queda fuera de la visión de los mortales.

Deleuze y Guattari pensaban la estructura social desde un primer nivel de producción, en el que se realiza la extracción energética de los cuerpos que ocupan la base social, un segundo nivel, de registro de esos cuerpos, que se perfecciona durante la organización productiva y política de la Modernidad, y, con la energía residual, es posible determinar una elección: la identidad como avatar. Lo que transita el circuito es el deseo: energía informe que va adquiriendo formas impresas en el proceso de montaje. Permitirle escoger parte de su representación final le hace sentirse libre.

A veces la libertad genera angustia y *horror vacui*, entendía el existencialismo, y, por ejemplo, tatuarse obsesivamente el cuerpo es un síntoma de fuga de lo genérico, una manera de intentar convertirse en real, una sobrecodificación identitaria que busca singularidad en las representaciones: las recodificaciones son estrías en espacios lisos. Si los griegos hablaban de la ética como la estética de la existencia, esta posmodernidad propone la estética como *éthos* de la existencia, pero quizá es menos elegante. Obliga, este orden social, no a pensarse desde la representación, sino a sentirse desde ella. Pero no se vive desde la representación, es posterior.

Somos interpelados a salir de la estandarización, a buscarnos en la diversidad: ¿coincido con alguna de las vigentes? No hay problema, el sistema permite proliferar representaciones para todos los sentires, de manera que se facilite la autoclasificación con alguna de ellas, o con varias: el «yo» no es fluido, estallan las estelas multirrepresentacionales. Como productos semióticos, se facilitan para generar la sensación de bienestar de los sujetos, viene a decir la línea psicoanalítica que lo importante es sentirse a gusto en el rol. El placer y la función. Hacerlos coincidir, producir esa ficción en las mónadas es una gran baza para la reproducción socioeconómica.

Hay dolor por no ajustarse a las formas sociales, ignoramos vivir desde la fuerza inmanente, desde la potencia. «Libertad es mirarse en el espejo y que lo que veo coincida con lo que soy», dice un titular de prensa. Si la verdad moderna era la coincidencia entre el hecho supuesto y el decir, la libertad es ahora la adecuación entre el hecho y el sentir. Las emociones, analizó Eva Illouz, son organizaciones sociales, y más recientemente señaló que tanto poner el foco en ellas provoca lo contrario al bienestar que supuestamente se desea conseguir. La emocionalidad se presenta como la victoria sobre una modernidad racional y monstruosa, pero es el nuevo *arkhé* o fundamento de lo que hipotéticamente somos. Una identidad producida que, más flexible, en función de las necesidades del sistema y de sus velocidades, puede ser modulada como las frecuencias sonoras, en lugar de ser moldeada, definitivamente, como el barro.

Alguien que hablaba como suerte de representante de la generación Z explicaba en una charla Tedx la tendencia entre los jóvenes a romantizar el hecho de recomenzar su vida una y otra vez, ese *archein* agotador. Es el aparato de enunciación el que dulcifica esos procesos para apuntalar la subjetivación flexible, pero estriada con distintas identidades. Por eso, en realidad, no hay defundamentación ni devenir, que es siempre molecular, prerrepresentacional.

La cultura ha de ser negociada en cada generación. Negociada, eso es, no impuesta o asimilada acríticamente. Tradicionalmente se entendía que la derecha partía, en el análisis social, del *ser,* de lo que ya era, de la *physis,* universal e incuestionable. A partir de esa concepción se daba el salto, ilegítimo según Hume y su guillotina, hacia el *deber ser.* Es decir, su moral se hacía pasar por tan universal como el ser dado que entendían como único posible. Por el contrario, la izquierda era tildada de inoperante por insistir en otras formas posibles de *ser* y, por lo tanto, de potenciales *deber ser.* Ya lo habían distinguido los sofistas: una cosa es el ámbito de la *physis* y otra, el del *nomos.* Además, en la Antigüedad, todavía insiste Platón en ello, la *physis* es transcendental, esto es, excede a la configuración concreta de los hechos, el ser es aún lo que después será no ser, eso olvidado.

La supuesta superioridad moral en la que se ampara la izquierda y que se le lanza como insulto resentido, se debe al hecho de poner como foco de la política la justicia social, a su tradicional ocupación del *deber ser,* al quiebre de la falacia naturalista, de la coincidencia entre *ser* y ese *deber ser,* que es tradicionalmente tomada por la derecha. La derecha se centra en adaptarse a la realidad, con la ley universal en la mano, a la que adhiere la ley moral, y la izquierda, en querer transformarla. La derecha actual habla de de recuperar la universalidad de la *physis* que ha sido distorsionada por los velos de las convenciones posibles en los que ha insistido la izquierda. La derecha no ha dejado de hablar de la facticidad óntica. Por eso presentan sus políticas como cruzadas. La izquierda a veces olvida analizar el estado de cosas de la base social, y esto incluye las causas por las que la ideología, idea hegemónica, cala en ella, de manera que se habilite la deconstrucción y se abran las posibilidades. La derecha es que, en su ímpetu colonizador del principio de realidad y de mantenerse en el ser, asume la conservación del *conatus,* aspecto que todo el mundo intuye con facilidad, por tanto, asume y prodiga con éxito todo relato en el que ondee la economía privada, entendida como producción de riqueza y como principio y fin(alidad).

11:03

Cuando crucé el puente que llevaba al barrio de Christiania guardé el móvil y la cámara, siguiendo las recomendaciones de algún blog. Tal vez lo hice antes de tiempo, porque soy precavida y educada: decían que allí no querían fotos. No por fobia al turismo ni nada de eso, solo que había traficantes y su correspondiente intimidad.

Cuando llegué propiamente a la zona, como si fuese la de Stalker, como si me adentrase en una misión metafísica peligrosa, encontré a turistas tranquilos, hasta expansivos, ellos, entrando sin pudor en un lugar decrépito. Así están las utopías del pasado: dibujos de Bob Marley y suvenires con hojas de marihuana.

Caminé con pudor por las calles, que eran lodazales en los que vivía gente, caminé entre las cabañas, más que casas prefabricadas, que crecían entre matorrales salvajes. Los terrenos adyacentes no se empleaban para huertas ni nada parecido, solo amontonaban basura. Donde abunda la droga solo he visto desechos. Procastinación. La muerte de lo bucólico. Me enfadaron unas leyendas repitiendo clichés inocuos para el sistema: el mundo está en nuestras manos, el cambio es político, bla, bla.

¿Qué diferencia hay entre esas líneas y estas? En el mundo, no alteran nada. Pero quien escribe, desahoga, como poco. Como mucho, compone, comprende, calma las pasiones tristes.

La droga forma parte de la geopolítica. El anarcocapitalismo defiende la libertad del individuo a expandir su conciencia, o lo que sea, empleándola como instrumento porque cualquier cosa que posibilite el flujo de capital, también a través de los cuerpos, pliegues de un afuera ultraliberal, es definida como libertad. Libertad es la ausencia de bloqueos y resistencia al capital. El dinero entra en las cuentas asociadas a los cuerpos el día 30, en el mejor de los casos, y el día 1 gran parte del *input* se convierte en *output,* sale de nuevo hacia lugares próximos al punto de partida. El dinero dibuja un círculo, antiguos alfa y omega. Es algo similar a lo que explican Deleuze y Guattari sobre la distribución de moneda entre las clases productoras, en Corinto. Eso les permitió comprar las tierras arrendadas y que el dinero volviese a mano de las clases dirigentes, en ese momento más interesadas en obtener moneda.

Una vez conocida la quietud contemplativa, y observado desde ella el movimiento de la máquina y, a su lado, dormida, la vida, los que se lo pudieron permitir acuñaron eso de la Gran Renuncia. Prefiero llamarlo Gran Deserción, aunque fue pequeña. No fue tan grande, en realidad, porque no todo el mundo puede hacerlo. Casi nadie puede, en verdad.

Por eso Occidente produce yonkis y el mundo en general pocos viajeros de la luz.

19:53

Es increíble pensar que se está sobre las nubes, sobre todo porque escojo asientos de pasillo y ya casi nunca miro a través de la ventanilla. Ni miro hacia ella. Por encima de las nubes siempre está el sol. Recuerdo esas palabras de un compañero de instituto que algún tiempo después de decirlas intentó suicidarse. Creo que no lo volví a ver, pero debe de estar vivo. Sobreviviendo, quizá.

19:57

A dos mil pies de altura, en modo crucero, quién sabe cómo, magia o razón, un aparato volando cargado de vidas y maletas y falsa comida. Pensar en la frustración por no ser escogida para la amistad por mis amigas parece anodino desde aquí. O deja de ser frustración para convertirse en una indiferencia de la que tomo nota, todas estas notas.

Homo ex machina

—Reviso, entonces, toda la conversación: usted llama indicando que ha solicitado una portabilidad porque las tarifas ofrecidas no le convencen. Pregunta qué sucede con la línea acabada en 034, le indicamos que darla de baja ahora mismo le supondrá un coste de 4,51 euros, pero que la permanencia de esa línea de coste cero termina el 25 de agosto. Usted decide esperar y pregunta sobre el código de devolución del *router*. ¿Es correcto?

La trabajadora hablaba con una perfecta modulación de la voz, acercándose a la linealidad de las máquinas de la misma manera que, en un movimiento opuesto, las inteligencias artificiales imitan ciertos picos fonéticos humanos. Quise extraer cómo se sentía en su trabajo, quizá le resultase interesante —o quizá fuese capaz de programar su mente para que le resultase interesante— solventar los retos diarios propuestos por clientes con insatisfacciones. Quizá le resultase agotador repetir oralmente cada situación comunicativa recién acontecida, de manera que quedase registrada. Es como si las sociedades disciplinarias modernas subsistiesen en las formas de control contemporáneas: la acción digital es acompañada por registros burocráticos propios de un universo kafkiano. Está sucediendo en todos los ámbitos profesionales: es como vivir y registrar lo vivido, en un único rol. El sujeto está definitivamente desdoblado, fisurado, podríamos decir. También podríamos decir que está obligado a devenir máquina *multitasking*.

Leía un artículo sobre el *burn out*, algo que solo se empieza a reconocer en atención primaria, ella misma víctima de tal sintomatología. Todavía es necesario localizar y pagar psiquiatras especialistas en enfermedades laborales. La enfermedad laboral es fruto del ritmo de producción impuesto también sobre la población condenada a lumpen y a la pobreza, lo que conlleva otras enfermedades específicas, y el psiquiatra, laboralista con suerte, es el que sustituye a los sindicatos: el parche que se ofrece es individual, a cambio de que se acepte la debilidad o incapacidad para someterse a la realidad imperante, nada de negociaciones colectivas.

La base teórica liberal parte del individuo, y de la consiguiente concepción de la sociedad como asociación, que no es esencial sino contingente: se preserva la esfera privada y el instrumento ontopolítico básico es lo personal. Además, el proceso económico que se desarrolla bajo tal discurso teórico es el capitalismo, íntimamente asociado a la moral calvinista. Incluso la crítica de Marx al socialismo utópico, que proviene de posiciones ontopolíticas liberales, sintetiza, confrontando, tal concepción: los problemas de injusticia o desajuste social no son problemas de conciencia, sino materiales. En tanto que las conciencias son fruto de la cultura dominante, de la superestructura, y esta emana de la organización económica para mantenerla, no pueden por sí mismas solucionar nada. Ni por desarrollar discursos transformadores, emancipadores, ni por pretender solventar con caridad cuestiones estructurales, a lo que se remite el filantrocapitalismo, que intenta preservar ciertos lazos comunitarios, tejer algo de *socius,* a la vez que se exonera al Estado de su responsabilidad como sobrecodificador político de lo social.

Por tales razones, y por un interés manifiesto, el sistema tiende a reducir las relaciones o situaciones laborales a lo individual. En un sentido positivo: la buena moral da de sí un buen profesional, centrado en su economía y familia, *personas de bien.* Aunque es verdad que las personas mezquinas acaban proyectando sus vicios morales en la esfera laboral, no es cierto que el ser buen profesional convierta, de forma mecánica, en buena persona. Más bien lo explicaría el cristianismo medieval, que entiende que la disciplina separa del vicio. En cualquier caso, la sociedad precisa, para funcionar bien, personas responsables y honestas, pero el sistema actual se nutre de sofistas. Y lo contrario no es el dogmatismo.

Por otro lado, también en un sentido negativo se reduce lo laboral a lo moral, como fruto de la reconversión de lo colectivo en lo individual: el que no resiste el orden de cosas establecido como principio de realidad y su ritmo es débil, falla, que es lo que se ha entendido como enfermedad. Además, si tradicionalmente escuchamos de los productores que *hay que trabajar,* los enunciados que empapan las conciencias desde hace unas generaciones hablan de *querer trabajar,* como voluntad libre, a la vez, eso sí, que prolifera la propaganda sobre inversión.

La primera expresión manifiesta una relación atávica con el trabajo: la especie necesita trabajar para sobrevivir y asegurar ciertos parámetros de existencia, quiere el trabajo por necesidad, no por gusto, a la vez que desarrolla una responsabilidad con los demás implicados en los procesos productivos, del tipo que sean. En la segunda, la moral calvinista se reviste de posmoderna y trata de vincular el goce con la productividad. Es una cuestión de actitud personal y quien habla es ciertamente alguien que, en teoría, puede disfrutar de sus procesos laborales, incluso, cumpliendo los primeros tramos de las utopías más antiguas, realizarse, en parte, a través de ellos.

Locke ponía el ejemplo de la recogida del fruto de un naranjo que, siendo *res nullius,* cosa de nadie en el derecho romano, transformaría al recolector que lo *trabaja* en su propietario. Primero Proudhon, después Marx, vieron ya algo de confusión en ese planteamiento: Proudhon decía que, en tales situaciones hipotéticas, si las cosas de nadie son del primero que las encuentre, ¿qué pasa con los que llegan después? El segundo atinaba que, si los campesinos recogían la leña y, por lo tanto, realizaban ese trabajo que confiere propiedad, ¿por qué eran punidos, viendo delito en ello las legislaciones modernas y asumiéndolo, después, ellos mismos? Porque existe una alienación jurídica, responde. Engels, finalmente, diferencia entre la propiedad particular, las cosas de cada uno, y la propiedad privada, que es la propiedad sobre los medios de producción. Por tanto, según Locke, el trabajo concedería propiedad sobre todo si se fundamenta en la rentabilidad, más que en el trabajo productivo mismo. Esto es, si es motor de la propiedad privada, si genera más capital.

Además, durante la Modernidad el universo, y por ende todo lo que en él había, incluido el ser humano, dejó de ser concebido como un organismo para entenderse como un *deus ex machina*. El ideal mecánico aparecía en Aristóteles, que solicitaba movimiento —artificial— inmanente para los telares y para los instrumentos de trabajo en general, ya que, a diferencia de los esclavos, esas máquinas no organizan revueltas. En Alejandría se desarrolla cierto ideal mecánico, y también la ciencia experimental, que se ve frustrada hasta finales de la Edad Media. Este ideal mecánico acaba por figurar autómatas, ancestros de los *ciborgs*. Los autómatas ya pueblan la idiosincrasia de la antigüedad, pues se supone que Hefesto ya realizaba artilugios que se movían por sí mismos, siendo algunos de ellos antropomorfos, e incluso con voz. *Daídalon* es una estatua que parece viva. A veces estas figuras articuladas, que deben su nombre a Dédalo, representan a las divinidades y suelen emplearse para recrear el mito. En el siglo XVII se fabrican algunos, como humanos rasos, esos que se reconvertirán en *homo deus* que, a su vez, crea máquinas como modelo y se crea a sí mismo como máquina.

La máquina parece perfecta. Hasta que se recalienta y echa humo. Esa es la imagen de un humano quemado, enchufado a la red energética más tiempo del debido. El *deux ex machina* es destituido por un *homo machina*: el propio *homo* se ha convertido en *deus* y todos los sistemas político-económicos se han sustentado en el régimen metafísico vigente. Lo mimetizan, porque late aquel principio tomista según el cual la ley natural imita la ley divina (o el principio griego según el cual la ley natural es inmanente a la ley cósmica que, como eterna, es sagrada). Por tanto, el dios máquina ha de dar lugar a un hombre máquina, capaz de generarse a sí mismo como tal y, por tanto, capaz de ser dios.

Lo natural pasa a ser producir, sin que se deje espacio para señalar la diferencia con el crear. El crear implica momentos aparentemente pasivos (que se entienden como activos desde una visión no occidental, que no necesita del movimiento locativo para comprender la acción). En esos momentos de inspiración la mente busca estímulos y permite que se adentren en ella sin dirección, tomando poso como la arena en el fondo del mar cuando las corrientes cesan. Tiene más relación con la creatividad preclásica, en la que la sensibilidad del que crea es tomada por los dioses del tiempo liberado, que con la producción de un conocimiento racional técnico, capaz de aplicar modelos y relaciones sin necesidad de pensar creativamente, solo técnicamente, en términos de causa y efecto.

—No estoy leyendo nada —digo.

—Tienes que descansar —me contestan.

—Leer no me cansa, restituye mi energía y concentración. No sobreestimula mi córtex, no me genera fatiga —resuelvo.

Si el hacer se hace coincidir con la acción externa, o con efectos en la exterioridad del cuerpo, el no hacer se entiende como inacción, como vacío radical. En el mundo romano el negocio es la negación del ocio: primero va el tiempo en el que el ser humano vive en la inmanencia o desarrolla sus potencias más sutiles, todavía por influencia griega. El ideal no es el trabajo, pues bien saben que esclaviza: la supervivencia no es vida. El trabajo, el *negotium,* es una segunda realidad que niega la esencial.

Por el contrario, en la Modernidad el trabajo es la primera instancia: el negocio precede al ocio, la negación anticipa la afirmación de un descanso que también se reconvierte en productivo: hay que hacer cosas, asistir a eventos, viajar a lugares, porque llenar el tiempo con acontecimientos es vivir, perderse actividades genera la sensación de perder tiempo de vida, pero esas actividades están mediadas por el capital. Fumamos por no hacer nada, cogemos el móvil por no afrontar la nada. La nada es solo ausencia, y no una nada llena de todo. Sin embargo, el descanso no es inacción y pérdida de vida, sino generación de la misma, pues respeta su inmanencia y evita una sociedad agotada.

19:59

Sentí como si mi vida fuese secundaria. Primero, cuando un familiar comentó que si yo muriese se perdería menos que si pereciese alguien con hijos, es decir, cualquiera de los primos reproducidos. Se refería, claro está, al hecho de dejar niños sin criar o al hecho de que nadie dependa de ti. Aun así no me pareció de buen gusto, sobre todo por venir de la boca de una persona ajena a una misma. En yoga he tenido esa intuición intelectual, que la vida representada no importa, que todo eso es insustancial. Pero no es de recibo que ella lo dijese en una fiesta anual, además, en la que se celebra a una virgen que sube a los cielos. Tras haberse reproducido, eso sí.

Es una mujer devota y práctica que aplicó sobre mí la mirada social: ¿acaso no resulta hostil el que invierte tiempo en estudiar una oposición, con las consecuentes valoraciones de la familia y la comunidad, y no lo es el que tiene medio millón de euros para blanquear, como si nada? A este se le admira. La cuestión es qué produce y reproduce cada uno para la sociedad: la honestidad improductiva de una vida contemplativa no puede competir con ofrecer productores o la fantasía de amasar dinero, pues el capitalismo se compone de fe y clase obrera.

20:15

Intenté empatizar y comprender la falta de sueño, que bien la puedo entender, y la falta de tiempo, y el cansancio de las madres. Lo hice con buena voluntad y también siguiendo una de las pautas básicas de la comunicación: ponerse en el lugar de la otra persona. Ellas me tomaron como una intrusa, como si estuviese intentando ocupar un podio que no me correspondía. No quiero podios, quiero establecer lazos. No lo contemplaron, los lazos vienen de otros sitios, pasan por otras zonas. Lo hicieron como si envidiase su situación y quisiese, ilegítimamente, formar parte de ella.

Si la ira recubre el dolor, ¿qué oculta el desdén?

12:10

—Basta —dije en el centro de trabajo—. No suelo polemizar con esto, pero me parece que, más allá de que ignore cómo multiplicáis el tiempo y la energía, compatibilizando jornadas laborales interminables con el cuidado de los hijos, el Estado concede facilidades por algo que es biológico. ¿Se premia cederle mano de obra al sistema?

Arendt entendía que la política no debía pretender organizar aspectos vinculados a la condición biológica o biográfica, por riesgo de derivar eso en procesos totalitarios y excluyentes. Frente al Estado debemos ser únicamente ciudadanos, esto es, las compensaciones necesarias para conseguir la equidad han de ser aplicadas para asegurar los mismos derechos, en eso consiste un sistema de equidad. Aplicando la equidad a los cuerpos femeninos reproductores y, a su vez, a los cuerpos que acompañan a esos cuerpos, podrían también implementar de forma inclusiva, para las personas que no se reproducen o crían, permisos para el desarrollo intelectual o creativo, o permisos para vivir un poco, no sé. En Bélgica van a aplicar medidas para solteros, de manera que se equiparen sus posiciones económicas a las de las familias no mononucleares, porque soltera no es solo la profesional de éxito, es también la viuda que no cotizó.

Decía, entonces, Arendt que hay un riesgo en legislar la vida y sus cuerpos. La política ha de favorecer la equiparación de la ciudadanía, independientemente de sus funciones sociales. ¿Qué problema hay? Que las funciones sociales y sus posibilidades vitales se distribuyen según los cuerpos, como el hatillo de acontecimientos ligados a ellos por las antiguas *moiras*. Si no se legisla, gana el mercado, aparentemente democratizador, pero excluyente.

—¡Nos deberían retribuir por ser madres! —se vinieron arriba dibujando los 360° de la circunferencia que dejan todo igual. Entonces traje a colación cómo censuramos, sin comprender, a las maternidades anteriores por emocionarse con la exaltación religiosa y que, por cierto, superaron ciertos esencialismos. Resulta que las modernas precisan de una bomba sentimental de igual intensidad para aguantar el ritmo y las contradicciones impuestas.

En cualquier caso, las maternidades antiguas tienen más empatía con las modernas que con las personas no reproducidas, porque en ellas ven su pasado. Así como necesitamos suspender cada cierto tiempo la función laboral, como un personaje que ha de permanecer en el escenario pero ya no en los bastidores, comprendo que ser madre es un rol que acompaña las veinticuatro horas y no debe ser nada fácil asimilar el ser o el devenir a una función de manera vitalicia.

—Ora bien —proseguí— son decisiones que se toman, o no. Y la navidad es triste cuando solo se acumulan ausencias, y nadie me llevará a casa cuando pierda la cabeza, como esa señora que preguntaba por botas en la floristería. Tal vez se refería a botas para la huerta, y esa floristería puede perfectamente confundirse con una tienda agrícola. Tal vez esa señora no había perdido la cabeza. Tal vez yo tampoco la pierda. «No se puede pensar», dice mi madre. Pero seré yo sola quien, llegado el caso, llame para que me acojan en un geriátrico. Supongo que seguirá siendo difícil entrar.

20:18

Estos pensamientos se han hecho fuertes este año. Semanalmente recibí noticias sobre senilidad y muerte, como bofetadas contra el límite de la campana. Acabé rendida en el ring, con un esguince, pero eso no impide el desarrollo de la función laboral, escribieron. Lo que va mejor para cualquier enfermedad es volver al trabajo: antes era bueno el reposo, pero ahora sabemos que no. Tan grande es el amor del sistema por nosotros. Es grande hasta el punto de que el DSM, el manual de los trastornos mentales, regula el tiempo de duelo. No quieren vernos sufrir. Matiza, esto es verdad, orgulloso de superar etnocentrismos, que ha de tenerse en cuenta la cultura del paciente antes de diagnosticar, en minuto y medio, si el dolor por la pérdida de un ser querido es excesivo o no. Sin embargo, unos investigadores pasaron por un portal de transparencia, según se ha publicado en la revista médica *The BJM*, a algunos de los autores del manual. Un conflicto de intereses resultó evidente: recibieron de la industria farmacéutica trece millones de euros entre 2016 y 2019.[7] Se ha dicho que en Europa los profesionales pueden decidir orientarse por el DSM o la CIE, la guía psiquiátrica de la OMS. No pasa nada, ahora decidirá la inteligencia artificial, como una estatua parlante de Atenea. Quizá se trata de reducir el duelo a los tres días de permiso para arreglar los asuntos mundanales que rodean a la muerte antes de regresar a producir, que es lo mejor para no pensar...

El caso es que cuando el dolor de mi esguince comenzó, ya fue imparable. Así sucede. En un instante desgajas fibras del tobillo, pero nada ocurre. Cuando se enfría la zona la parálisis es total. Sin poder valerte te enfrentas a la soledad radical. Es cierto que no vivo sola, que vivo con mi compañero felino, pero él no me puede llevar a urgencias.

Al principio tuve que aclarar constantemente que él no es sucedáneo de ningún novio ni de ningún hijo. A mí siempre me interesaron las inteligencias no humanas. La inteligencia artificial también es humana. Es tan *humana* que ya es capaz de decodificar la actividad cerebral en lenguaje e imágenes, y tan humana que Google introducirá sus creaciones como resultados en el buscador. Un caramelo para los totalitarismos y el fin del mundo tal y como lo conocemos, en el sentido kantiano de conocer.

---

[7] «Undisclosed financial conflicts of interest in DSM-5-TR: cross sectional analysis», *BMJ*, 10/01/2024, *p.* 384, https://doi.org/10.1136/bmj-2023-076902

Las técnicas del «yo»

Las lágrimas se contuvieron en las bolsas ya hinchadas de sus ojos. Acumulaba varias muertes próximas que anuncian el fin de una era y la imposibilidad de los sueños programados para esos días en los que se podría vivir sin estar sometida a los ritmos del trabajo, entre las lógicas calvinistas y los campos de concentración. Los salvajes ya se mueren solos al ser incorporados en cadenas productivas o al ser excluidos de ellas. La cuestión es que los supuestos civilizados, que también sufren de la esclavitud propuesta para el mundo, carecen hasta de relato para disentir.

—No gestiono bien mis emociones —insiste sollozando.

En el mundo de la gestión y la eficacia no es posible fallar en el ajuste perfecto a la realidad. Los procesos humanos se estigmatizan.

—Y tú tienes que aprender a gestionar esos miedos —me aconseja.

Yo no me encuentro en un estado de receptividad, mi vaso está lleno.

—Lo que tienes que hacer tú —contesté— es permitirte sentir esas emociones, pues son connaturales a las experiencias de devastación existencial. Con respecto a mí, dentro de la irracionalidad de cualquier miedo, mis temores son fundados, no provienen de una actividad especulativa, ilícita de la razón. Y trabajo en ellos por encima de la media.

El discurso social a través de la *episteme* médica insiste en que modificándonos a nosotras optimizamos la relación con la realidad, pues la función del sujeto es adaptarse a la realidad vigente y quien no lo hace tiene un problema, pues por definición el sujeto es producido por el mundo, de manera que el que no se concilia con él es como un producto tarado. Se incorpora, casi inconscientemente, parte del discurso psicoanalítico, se comprende o se acepta que se pueda sublimar la incomodidad o el malestar a través de cualquier actividad creativa o intelectual. Quien no entienda y viva el mundo en los parámetros de pasividad aparentemente activa, no es que sea un inadaptado social, es que actualmente es un enfermo. Pasa con la ecoansiedad —la siguiente escala es la reconversión del activismo ambiental en delito— o con la ansiedad matemática, una suerte de horror ante lo sublime que nos excede. Parece que el mesianismo posmoderno revela sintomatologías acalladas para sanarlas. ¿Será que, en el último caso, manteniendo a la baja la capacitación, la forma cultural de expresar la impotencia frente a realidades semióticas aparentemente inabarcables vuelve a ser la ansiedad?

En fin, toda sintomatología tiene su etiqueta, diagnóstico y tratamiento, y, debido a la lógica cultural del reconocimiento, promueve el alivio. Sin embargo, cualquier infante u otra especie animal se acercan a aquello que resulta agradable, que produce placer, y se alejan de lo tóxico, de lo que produce dolor. Aristóteles hacía radicar tal capacidad en el alma sensitiva, común a todos los animales. A partir de esta clasificación elaboran los humanos que desarrollan el alma racional la diferencia entre el bien y el mal, deturpando a veces el origen. Sentir malestar en un ambiente insano del que no es posible huir es, por tanto, estar sano, pues es «ley natural» o instinto que todavía favorece la vida —no como lucha, sino como simple permanencia en el ser—.

La etnopsiquiatría francesa del siglo XX lo sintetizó: no adaptarse a una sociedad enferma es estar sano. Pero también indicó que, para adaptarse al grupo social, los individuos reproducen las pautas de normalidad, así como las de los comportamientos concebidos como patológicos. Es decir, se interioriza el diagnóstico y se hiperboliza la reproducción de los síntomas. Al fin y al cabo, estar fuera del grupo social se paga psicológica y económicamente. La ciencia real es la del *marketing*: creando la categoría, creas el mercado.

En la época clásica griega se trata el cuidado del «yo», pero el sentido contemporáneo reduce el concepto al ensimismamiento narcisista. Pensar en la felicidad, por ejemplo, se vinculaba a la sabiduría, a la justicia implícita en aquella o, finalmente, en el buen vivir, que no es el mero placer. No se trata de una cuestión moral, de una represión del cuerpo, sino de la distinción entre lo que nos parece que es bueno para nosotros en un instante determinado y lo que quizá en realidad lo es teniendo en cuenta el medio o largo plazo.

Durante el Helenismo, periodo de transformación social convulso que algunas perspectivas acercan al actual, las llamadas escuelas menores se centraron en la cuestión ética, en la reflexión sobre el carácter (éthos), que en verdad proviene de la costumbre (êthos), es decir, de las prácticas y valores que una sociedad incorpora en los nuevos miembros. El cuidado de sí era abordado por los estoicos como una retirada. Retirarse, pues, del mundo y observar con los ojos de la razón la ley cósmica o física, dirían. Pero también puede ser entendido como el retiro en el *sí mismo*, en el lugar reflejo que escapa a la representación del «yo» y a su representación del mundo. Esto, que se entiende como ocio activo, prepara para la vida y sus dificultades. Un ocio que permite el crecimiento y no solo el entretenimiento, la fuga. O líneas de fuga creativas y no solo deleómetros, líneas de fuga de muerte, de aparente diferencia que es solo repetición.

Estaba claro que, como se ha dicho, ese conocimiento práctico que abarca el carácter es de naturaleza inmanente, no produce nada, solo transforma positivamente su materia, pues lleva al orden de la razón, que, si no libera, alivia de las cadenas de las pulsiones. Sin embargo, el relato de la autoayuda de Smiles (*Self-help,* 1859), que deriva de una moral victoriana, se encuadraría en las tecnologías del «yo»: la tecnología es el *logos* de la *tekné,* la aplicación del pensamiento teórico a la producción de algo. Por lo tanto, observamos el desarrollo de un conocimiento orientado a producir un «yo». Se trata, así, de una trasposición de ámbitos epistemológicos: ya no es una ética que entrene las habilidades del ser en el mundo.

Rebeca Baceiredo

Podría acercarse a una técnica en tanto que, como ejemplifi-
ca Aristóteles, entrenar las virtudes es como tocar la cítara: se
mejora con la práctica. Es verdad que la capacidad para distinguir el bien del mal proviene del alma racional y, dentro de este
tipo de conocimiento se distinguen, como elementos propios, las
virtudes dianoéticas o intelectuales, las que necesitan del desarrollo de la mente, y las puramente éticas o prácticas. Pero las
cuestiones del «yo» pasan a ser tecnologías, siguiendo los plan-
teamientos de Foucault. Es decir, no son tanto razonamientos
como restricciones operadas por un *deber ser* que se constituye
ilegítimamente como conocimiento teórico sobre el *ser* y se dirige a una producción de subjetividad por parte de una mega-
máquina socioeconómica. El cuidado de sí se convierte en un
cuidado del yo, el examen de conciencia en la autoevaluación
del modelo empresarial.

Todas las sociedades producen subjetividad, se organiza una
antropología cultural que postula una serie de prácticas sociales incardinadas en valores, así como en realidades cognitivas y
emocionales. Se presenta una moral y unas costumbres y, en ese
sentido es un dominio del «yo». Otra realidad posible es que una
sociedad, una cierta forma cultural, defina la ética, que es *praxis* y no *episteme* y permite, además, cierto desarrollo o espacio
personal, pues el individuo cuestiona la moral imperante y es capaz de pensar, comprender emociones propias y ajenas y asumir
principios de comportamiento que favorezcan el buen vivir de todos los miembros del grupo social. Aun así, el nivel práctico-ético
de la sociedad tiene que ver con una suerte de conciencia que no
coincide exactamente con la racionalidad, sino con una apertura
al mundo, con una mayor potencia o relacionalidad no molar:
implica esto la posibilidad de superar un planteamiento ético
ligado a un humanismo capacitista. Se atraviesan, así, modos de
cognición diversos que, en su multiplicidad, «comprenden» más
allá de sí mismos.

Si antes se propugnaba el *cuidado de sí,* las necesidades calladas del ser, la producción de subjetividad contemporánea propone cincelar el «yo». La adaptación eficaz a la realidad dada se presenta como máximo permiso de desarrollo individual y de autocuidado. Prescindir del contexto hace pendular toda la responsabilidad sobre el individuo: se dinamita lo colectivo porque se debilita la posibilidad de observar la estructura socioeconómica, y se desdibuja al otro. Así, la realidad cae como angustia en cada uno de los miembros desquiciados de la sociedad, a los que se presenta la felicidad como objeto hacia el que correr, sin saber dónde se encuentra, o dónde —y cómo— debe ser buscado. Es el mismo error que en yoga pretender llegar a la siguiente postura, rápido, de golpe, y no comprender que el yoga es el tránsito entre una y otra: no pertenece al ámbito del significante, sino del devenir. En el fondo, no se trata de ser feliz o bueno a la antigua usanza, sino de ser eficaz. Salvar el «yo» es lo único que parece poder ser redimido hoy en día. ¿Por qué no buscar un poco a los demás?, ¿dónde están?, ¿es posible encontrarnos?

20:33

Durante el despegue o el aterrizaje cierro los ojos, pienso en mi padre y lloro. Ascender a los cielos es ascender a los cielos o a la visión de la muerte. Como si en una ruleta rusa vieses a cámara lenta la bala que alcanzará tu rostro.

Como dice mi madre, con la edad, está una más sensible. Y no es una sensibilidad hormonal, es la que regala el poder observar el camino de la vida con distancia.

Me pasa también cuando un niño experimenta un concepto, lloro de emoción; es, por fin, trabajo vivo.

21:15

Están limpiando los baños del aeropuerto, se forma una cola larga. Dejaría pasar a todas, no tengo prisa, pero ahora soy un individuo que no sonríe cortésmente. Un niño me mira y le dice a la madre: «Esa chica tiene cara de…» Me doy por aludida y devuelvo la mirada. El niño calla, como quien es pillado en una travesura. La madre sonríe. Yo sonrío. ¿Sabrá lo que pienso, el niño? Pienso que me preocupa el dolor del mundo. Me preocupa que niños como él cuenten con unas dignas condiciones de existencia.

No me importa cómo proseguiría el niño, me pareció bien que me llamase *chica*, si es que la juventud sigue siendo buscar libertad. ¿Qué es la libertad? No es una realidad binaria, la resistencia tampoco, anunciaba el Museo de la Resistencia. Así que agradecí la mención del niño y me sigue preocupando dejarles un mundo en el que la gente sepa hacer una cola y esperar en ella, ¡dios mío! No todo es trazar una diagonal, el camino más corto.

21:28

Tomo un zumo de la estantería y un yogur con dificultad. A pesar de la iluminación intensa y homogénea del aeropuerto la trabajadora no me ve, nadie ve a nadie, es el *zeitgeist*. Tomo el zumo natural envasado: «Los hacemos todos a primera hora para que queden las máquinas limpias». Como los Smithson, la pareja de arquitectos, que tuvieron que romper el pulcro espacio de representación de los hogares burgueses con objetos y enredos de lo cotidiano, pido que vuelvan las pulpas de la naranja a los exprimidores, por favor. Todo debe ser anticipado y en plástico. Orden y progreso.

Tenía prisa por conseguir vitamina C natural, porque no era accesible para los viajeros en esa ciudad del futuro a la que regresé: «May I have a natural orange juice?» «Yes, of course!» «I mean a juice made with oranges…» «Ah, no, you mean fresh juice, no, we don't have of it!» No tenemos naranjas, no tenemos fruta, pero echamos vitaminas y espirulina en polvo a cualquier líquido, podemos ofrecerte comida natural hecha artificialmente, ¿puedes mejorarlo?

Buscando zumo encontré la rosa e internacional campaña de *Barbie*. El mundo es una lucha por el territorio mental. Ese es el primer paso. Lo segundo es juntar lo rosa y lo internacional en algo nuevo y banal.

Triunfadores y esclavos:
sálvese quien pueda

—¿Qué quieres en la vida? —pregunté.
—Dinero.
Me llamó la atención la primera vez, las posteriores fueron de confirmación. ¿Cómo en la adolescencia, esa franja de edad creada culturalmente para vagabundear entre los avatares sociales imaginando una identidad, cómo esa franja de edad tradicionalmente empleada para explorar posiciones contrarias a la cultura dominante, ahora se focaliza en el significante hegemónico, el dinero? En verdad, los que más ofrecen esa respuesta son los que tienen más necesidad, no hay en ellos espacio para que el deseo adquiera formas imaginadas y, por otro lado, la adolescencia contrahegemónica siempre sirvió para movilizar capital.

Además, la parte de la industria cultural centrada en el *underground,* en atender posturas disidentes, cumple su papel en la ingeniería social liberal: ofrecer la sensación de pertenencia exclusiva a grupos singulares —y de libertad— es parte del proceso específico de una socialización secundaria que cincela el «yo». Sin embargo, ahora el *underground* se da en relación a posiciones económicas, a los excluidos en los procesos de segregación e integración económica, pero no en cuanto a los valores dominantes. En el *trap* los desclasados aspiran a ascender en la pirámide social individualmente. O hablan ya desde las posiciones ascendidas. Unas posturas u otras no dejan de cantar las gracias del dinero. Eso de «me ha *cogío* la depresión en un Ferrari» evidencia el proceso, con un toque de cinismo enarbolado por cierta genealogía de artistas posmodernos, de Warhol a Koons. La Mala Rodríguez, que comenzaba en el hip hop con un aparente aire reivindicativo, ha asumido el tránsito musical y axiológico hacia el *trap* y expresaba en una entrevista reciente que no es de izquierdas porque no está a favor de pagar impuestos, por tanto, de la redistribución de recursos, poniendo sobre la mesa los ejes económicos del verdadero debate. Ella misma se paga sus operaciones, adujo. Las estéticas, claro, porque las médicas ya responden a otro orden y nivel, entendemos. Representa la transición hacia posiciones meritocráticas e individualistas.

Los *think tanks* de la derecha han trabajado durante décadas: a principios de siglo se propusieron mostrar las posiciones conservadoras como modernas, superando estéticas rancias del pasado. Sin embargo, las posiciones ultraliberales próximas al anarcocapitalismo enarbolan la libertad financiera mientras mantienen posiciones extremadamente conservadoras en la moral. Como analizó la corriente comunitaria, el liberalismo está despojado de los instrumentos necesarios para crear comunidad, por eso ha tenido que echar mano de sistemas morales externos. Por tal cosa, cuanta más disolución del tejido social, y el anarcocapitalismo es la disolución extrema, más necesidad de recurrir a morales ultraconservadoras. La derecha ha logrado hacer pasar la libertad económica por un derecho individual que acercaría a todos a la riqueza, mientras considera que posturas redistributivas nos alejan de ella, en tanto que la riqueza es entendida como acumulación.

La libertad financiera que se consigue se asimila a una libertad que ofrece más vida, mayor disposición de tiempo libre y posibilidad de experiencias, mediadas por el dinero, pues cada aspecto de la existencia y de los movimientos que caben en ella se han convertido en mercancía. Hay que poder comprarla, por tanto. Ese también es el motivo por el que tan fácilmente se confunden derechos con deseos. La diferencia fundamental es que los derechos son universales, deben estar asegurados para todas las personas, de manera que implican necesariamente un límite, mientras que los deseos son genéricos, pero particulares, y el cumplimiento de muchos de ellos conlleva el detrimento de las condiciones vitales de otros. La evidencia estratégica del sistema es golpear la base de la Pirámide de Maslow, de manera que aceche el fantasma de la inseguridad y de la escasez que se configura dentro del relato durante la Modernidad: se parte de la falta de recursos como realidad natural, frente a las antiguas posiciones órficas que observaban la abundancia y ritualizaban su demanda.

—¿En qué consistiría, entonces, la justicia social?

—En una libertad sin límites —contestaron.

Explicaba la libertad *de,* libertad negativa o jurídica, que regula el pacto social moderno y asegura la libertad positiva, la libertad que tiene cada ciudadano *para* ejercer *de facto* el derecho regulado jurídicamente. Su ejercicio no puede entrar en conflicto con los derechos de los demás. En ese caso no sería libertad, sería poder, pues nos estaríamos imponiendo en el espacio de derecho ajeno.

—¿Y si no fueseis vosotros los que estuvieseis ejerciendo esa libertad extrema, sino que fueseis los que sufren las consecuencias del ejercicio sin límite, no de la libertad ajena, sino de su poder? —pregunté.

Metafísicamente la potencia vital coincide, en origen, con el *arkhé,* con el principio ontológico. Esa potencia es transformada en poder al separarse la fuerza de lo que puede y al recaer eso que puede en el plano semiótico, representacional. El poder es transcendente, es una representación de la fuerza de origen, y, al ser desdoblado así, el poder se ejerce sobre otro ser o es ejercido sobre uno, mientras que la potencia es fuerza inmanente. Expresión sin dominio, por tanto. Esa capacidad de hacer o de no hacer, que aproxima tanto en la línea liberal la libertad al poder, es la que se cede renombrada como soberanía en el ámbito político y es lo que acaba haciéndose coincidir con el signo abstracto que se intercambia por vida, el dinero.

El principio de realidad se impone, y la realidad se entiende desde lo contingente. La perspectiva crítica se canaliza con facilidad hacia lo personal, hacia lo concreto, porque la envidia o el veneno son antiguos y el pensamiento abstracto se dinamita a base de deslegitimación. Se exorciza y mengua con los ritmos impuestos a nuestros cuerpos y neuronas: la realidad nos excede por la incapacidad para pensar una estructura social y las relaciones a partir de las cuales se compone, como explicaban Berger y Luckmann. Imposible solicitar —o exigir— modificaciones. Solo es posible pensar en sobrevivir lo mejor que se pueda.

—Yo no sé si pagaría impuestos aquí, creo que me iría a Andorra —repetían los alumnos a propósito de los casos de evasión fiscal. Hablaban, sin duda, desde la perspectiva del *youtuber* de éxito, capaz de facturar cientos de miles de euros, no desde la visión del autoexplotado usuario de los restos de la sanidad pública.

Se desconoce la historia y sus reivindicaciones. Al fin y al cabo, a pesar de todas ellas, la vida se mantiene como lucha, más atomizada ahora. Reina la moral de esclavo y, como tal, la identificación se da con las posiciones triunfadoras, con el punto de vista hegemónico, pues esa es la naturaleza de la alienación, pensarse como algo que no se es. Casi la mitad de los encuestados por el CIS, según recoge el Barómetro de Noviembre de 2021, tiende a autopercibirse como clase media, y en otros países sucede algo parecido.

Eso es útil, porque una sociedad polarizada económicamente y que se percibe como tal tiende a la inseguridad, a la violencia, a las explosiones sociales. Lo sabía Aristóteles. Sería bueno apelar a la justicia social y como mínimo a la compasión, pero basta con comprender los efectos producidos por las causas para ver que la polarización económica no resulta operativa para el 99%. Ora bien, con la autopercepción señalada, la propia sociedad mantiene la ficción del equilibrio, y esta ficción puede mantener cierto equilibrio social, el de los naipes. Lo importante es sentirse bien, ¿no?

Esa búsqueda del bienestar sin análisis facilitó la generalización del imperativo de goce: aquel *deber ser* que cerraba el círculo de subjetivación con normas morales que aseguraban los intereses del grupo social —o de ciertos estamentos del grupo social— se abre como una flecha hacia un goce siempre insatisfecho que arrasa el terreno que galopa. Si el placer es inmanente, el goce está sobrecodificado, por eso precisa territorializar sin tregua a través de los deseos conformados. El antiguo neurótico desaparece entre los amplios páramos devastados del que corre sin tregua hacia su ambición siempre vacía.

«I felt too much, so I started to feel nothing» veo que escribieron en el corcho de anuncios del instituto y recuerdo una conversación reciente con alguien que se asombraba: «Estoy agotada de sentir, soy incapaz de sentir más».

21:46

Siempre quise tener amigos, tanto que me conformé con menos. Siempre quise tener amigos de verdad, porque crecí en comunidad, fuera del modelo burgués, aunque mi mirada le pertenezca. Crecí en una casa abierta y llena de gente, por eso nunca pensé en términos de pareja o familia nuclear y por eso preciso de una soledad múltiple.

Ahora vuelvo a tener fiebres de crecimiento, se adentra una en lugares que no reconoce y que indican algo claro: es tan rápida la vida que no da tiempo a planificar a largo plazo. La sensación de mi cuerpo frente a eso es la del desapego, un nada importa, una sensación de libertad que proviene de un nihilismo del que todavía ignoro la valencia. Me parece que es positiva, pues no siento miedo ni resentimiento, ni incapacidad para aceptarlo, ni siquiera echo en falta una falsa inmanencia sublime, afirmo solo la contingencia pobre de cada instante.

Nunca concebí representarme como una señora, adoptando las formas sociales, los movimientos, los gestos, el habla, el creer que se piensa. Las pautas y los ritmos impiden madurar y ser adulto se reduce a un traje estereotipado. Aposté por la niña que salta y danza, como esa que frente a mí tira la maleta e inmediatamente se deja caer sobre las baldosas. Recuerdo el texto de Bataille sobre la metamorfosis: un ser humano en seguida se lanza a comer, sobre el suelo, del plato del perro, rechazando o abandonando el animal burocratizado. El ser humano es una guerra interior y cuanto más ha de elevarse —dice Lou Andreas-Salomé leyendo con sensibilidad a Nietzsche—, más debe ahondar las raíces en sus profundidades, más debe asumir sus pulsiones y afrontarlas, exponerlas, de manera que no permanezca ninguna traza mnémica que alimente el resentimiento. Así, perdona a su *enemigo* y lo bendice, incluso.

El sonido belga ralentizó la música a 33 revoluciones por minuto y emergía la gravedad de las voces y un ritmo oscuro, hasta dar lugar a la *new beat*, «mientras que en Nueva York la música buscaba subir el ánimo», dicen en *The sound of Belgium* (Jozef Deville, 2012), «aquí se iba a la discoteca buscando esos sonidos infernales». ¿Necesitaban en Bélgica dar rienda suelta a las fuerzas reprimidas por un modelo social ilustrado? ¿Necesitan en Nueva York buscar la alegría del baile para escapar de las fuerzas primarias que tejen allí la fragilidad de su pacto social?

22:02

Estoy sentada en el mejor sitio, en el medio de dos enchufes. Todo el mundo se acerca a mí para conquistar espacio y acceder a la fuente. Extraer energía es lo más solicitado del presente. Energía y datos. Algunos creen que es lo mismo.

El estado desangelado de los aeropuertos podría arroparse con algo de música, pero no la recomposición mecánica de grandes éxitos de la Cadena Dial. Algo con clase, el jazz que sonaba en los *piano bar*. Un sonido confortable, elegante, culto, no ya la trepidación popular ni la experimentación inhóspita, solo una burbuja burguesa de bienestar, cómoda, segura y blanqueada. Como la música de cámara en los Salones de la Corte. Ahí la vida parece fácil y con una dirección segura. Lo más grave es un pequeño desamor sin violencia, una catarsis soportable, un canto para pasar el tiempo. Angela Davis analizó ese tránsito obligatorio del negro al blanco, de lo colectivo a lo privado, de lo real múltiple al estereotipo repetido como diferencia.

00:32

«Tienen que aliviar», lo dice Dolores, una mujer mayor que forma parte de la comunidad familiar. «Los niños traen alegría», dice. Son la potencia de la vida, eso que todavía puede ser, la liviandad, el futuro posible. Ayudan a olvidar el pasado. Ella está perdiendo la memoria, pero, curioso, los que pierden la memoria no olvidan el pasado, sino el presente.

El pasado de los adultos está ahogado por las pérdidas. La vida es un escenario en el que aparecen nuevos personajes o queda solo el último, los bastidores y la luz de un único foco que lo ciega, aunque a veces aprendemos a recibirlo con humor, para no morir ahogados por el grito. Lo más parecido al humor trágico fue recibir la noticia de la muerte de un conocido lejano, asimilarla y, después, cruzarme con él por la calle un alegre día de carnaval. Me alegré profundamente del patetismo y de que siguiese disfrutando de la vida, pues se le veía con una tranquilidad alegre.

Yo, lamarckiana, creyente de la fuerza activa que se oculta en la naturaleza, creo atisbar a Darwin; veo, sin remedio, cómo las especies buscan su perpetuación instintivamente. La humana, que es la que me ocupa ahora, lo hace sin la consciencia que se atribuye a sí misma: mientras destruye las condiciones de habitabilidad del planeta, expande sus genes.

Fuera de la zona de relativo confort que es la reproducción social hay necesidad de improvisación creativa o desestructuración. ¿No se debería aceptar el dolor y escoger, una vez realizada esa tarea, libremente, responsablemente? Tal vez eso es demasiado pedir para una simple especie como la nuestra, tal vez lo esencial es cubrir el *horror vacui* con una canción para el camino, que lo apacigüe. Como la bengalí de *Pather Panchali* (1955), esa película de Satyajit Ray, que es retirada de los relatos y ve la descarnada vida, a su pesar. Cuando mi padre vio fotos de Nepal me dijo: tu madre vivió así. De ahí vendrá mi percusión desnuda.

El progreso como alienación

Las películas de Jacques Tati mostraban la Modernidad como la aceleración y la aceleración como progreso. Esa velocidad vertiginosa y repetitiva alteraba la percepción de Chaplin en *Tiempos Modernos*. Se aleja de aquel recuerdo de infancia de Jean Giono, cuya maestra advertía: «No corráis por el patio, os parecerá más grande». Virilio anticipó la claustrofobia que genera un planeta sin misterios. Quizá entonces lo mejor es correr como si hubiera alguna dirección hacia la que escapar: correr hacia lo moderno. Hay que ser modernos. Hay que ser modernos como un fonógrafo con un único disco que se repite. Una vez establecida la máxima, en una cultura de juventud que exalta ir con los tiempos, cualquier parámetro puede ser introducido en ese caballo de Troya.

Las escatologías religiosas que disponían el tiempo en una recta mejora hacia el reino de dios, abrían la dirección a los cielos. Así quiso pensarlo la Modernidad, inaugurada oficialmente con la cosmología de la Revolución Científica, que sin duda aspiraba a conocer las estrellas, y culminada en el proyecto ilustrado, que procuraba la salida de la humanidad de las tinieblas cavernosas, insistiendo en la tradicional metáfora filosófica de la luz como conocimiento emancipador. Quizá no proponía una escatología secularizada, pero sí, desde luego, ciertas potencias. Solo la pereza y la cobardía, tanto en Kant como en el mito platónico, nos separarían de la levitación. Del progreso intelectual y ontológico.

Esa luz duele, pues es transformación interna, sin premios rápidos y definitivos. Así que esa concepción se desechó. Permaneció únicamente la noción de progreso en el ámbito de lo tecnológico, y se hizo pasar por un progreso total al hacer coincidir el conocimiento práctico con el técnico y al abolir el espacio desde el que se piensa lo ético. En los mitos antiguos está presente la advertencia, tanto en el Gilgamesh como en el mito de Prometeo: cuidado con eso de que progreso tecnológico y social no vayan a la par. Confundirlos es un error o quizá una perversión epistemológica.

El progreso se va a entender, por tanto, como el desarrollo del conocimiento que permite controlar y dominar la naturaleza, desde el *logos* antiguo que predice los fenómenos gracias al establecimiento de la ley física hasta la matematización de los mismos en la física moderna. Cuantificar la naturaleza facilita hacer cuentas con el ser, bien sea con una postura realista, que entienda la coincidencia del aparato epistemológico con el cosmos, bien desde una funcionalista, que inhiba tales pretensiones, pero comprenda la utilidad de los avances tecnológicos. Esta utilidad pasaría por la emancipación que el ser humano se propone con respecto a la naturaleza, monstruo externo que solo es bello si se cultiva, o con respecto a su propia naturaleza, que lo ata al trabajo, a la enfermedad y a la muerte. El devenir de la materia implica decadencia, es por eso que la cultura transhumanista no integra la crítica y la superación de la metafísica clásica. Se quiere un ser estable (nihilismo negativo), despreciando con temor (nihilismo reactivo) la naturaleza del mundo, cuando lo que aconsejaron fue afirmar la vida (nihilismo activo). Curioso ese nihilismo que acepta el principio de realidad sin cuestionarlo en el ámbito económico, pero rechaza la realidad de la vida en el ámbito de la condición humana.

Tras la suspensión de la creencia en el progreso durante los años esplendorosos de la Posmodernidad, con la caída de los grandes relatos, hasta el discurso científico neopositivista de Popper se alejaba de los visos dogmáticos del siglo XIX. Ahora la idea fetiche de progreso regresa de forma inherente con la tecnociencia. Sin embargo, se percibe una huida hacia adelante que no quiere diferenciar entre lo tecnológico y lo social porque en realidad es solo una propuesta económica de la que emanan el resto de los ámbitos.

Como reacción, las posturas anticientíficas se radicalizan, haciéndose pasar por perspectiva crítica. Equiparar *episteme* a *doxa* es todo lo que popularmente queda de la filosofía de la ciencia más heterodoxa: da igual hechos que creencias, principios que opiniones. La autoridad racional-legal no se reconoce, pero se solicita el ejercicio de la fuerza con los diferentes a uno. Perdura el *todo vale* fácil, una posmodernidad capaz de sostener el aparato ideológico de una idiocracia, en el sentido etimológico. No es que unos elementos se acerquen más a los misterios del cosmos que otros, ignoramos tal cosa. Es que no todos los elementos del aparato epistemológico que constituye el conocimiento de una sociedad tienen la misma consistencia, en función de los criterios de validez, coherencia o veracidad, que se refieren, unos al pensamiento lógico, otros a los procesos empíricos.

Si el conocimiento no es más que la necesidad de buscar sentido por parte de una especie animal que por su condición neonata desarrolla la capacidad semiótica, las creencias son la base biológica necesaria y esencial. La razón emerge de la disposición emocional, no aparece escindida de ella. La raíz emocional, a su vez, se incardina en las pulsiones que regulan la relación del organismo con el contexto. Por eso las creencias son tan difíciles de combatir. Por eso los empiristas creen que la racionalidad justifica las direcciones emocionales y pulsionales. Por eso, dice Kant, la razón se excede y especula con categorías vacías de experiencia, porque comprendemos lo que queremos comprender y nos engaña quien queremos que nos engañe. Otra cosa es que eso sea todo lo que puede realizar.

Necesitamos creer en algo, incluso en las no creencias, como si la máquina semiótica fuese una naturaleza acolchada que viste nuestra percepción desnuda. Por tal condición, emerge la era de la posverdad, que devalúa la verdad como adecuación, porque el lenguaje ya no tiene que corresponderse con hechos, a los que no accedemos. El lenguaje accede a *datos* y los datos se alteran fácilmente, porque no se confrontan con los hechos, porque necesitan de interpretación y, finalmente, porque la interpretación no es opinión, sino saber integrarlos en un sistema de conocimiento.

El transhumanismo promete liberarnos de nosotros mismos y de las consecuencias de nuestros actos, si dejamos que el camino se realice de manera imparable. Nos libera de nosotros mismos como materia corruptible y como mentes imperfectas; la perfección vendrá de una abstracción o idealización del ser humano: si en un pasado se proyectó en la idea de dios, en un presente es la idea de dios la que se encarna en el humano. En la más silenciosa de todas las horas Nietzsche vio al *homo sacer*: adoraban a la divinidad que no es más que el pobre animal para el sacrificio. ¿En esa idea de *homo deus* nos sacrificaremos?

Ciñéndonos a tales términos, regular no es positivo para avanzar, repiten los ideólogos, y apelar a la reflexión girando las palmas hacia arriba, abriendo una pregunta, no se tolera. El progreso que venden, como nosotros, tiene prisa, porque las compras se deciden irracionalmente en milésimas de segundo, economía libidinal, y porque el *shock* asegura la anulación de la voluntad del sujeto. El tratamiento de choque se ha convertido en instrumento diacrónico que debilita sus defensas por el cansancio. Ese progreso se presenta como principio metafísico innegable e integra procesos neoliberales en niveles cada vez más profundos de la piel del planeta y de la sociedad, con violencia o con delicia, pues múltiples son los rostros del poder y siete las cabezas de la bestia.

22:15

No es preciso desplazarse hasta las pantallas de información, las puertas de embarque asignadas a los vuelos son accesibles desde una aplicación del móvil. Cada individuo como una antena recibiendo datos, cada individuo como punto de anclaje del capital. Pasa por ti, dibuja una estría en tu territorio haciendo pie y se relanza. Los cuerpos ya ni son instrumentos, solo entradas y salidas de la máquina total.

Yo también vi a un alumno de artes marciales girando patadas por todo el aire que ocupaba el espacio. Había aprendido a usar el final de una fuerza de propulsión como punto de impulso del siguiente movimiento. El poder toma nota de las posibilidades ontológicas y las recrea a su favor.

22:43

Los perros corren por el aeropuerto tirando de la correa, con riesgo de estrangulamiento, otras veces son los humanos los que corren demasiado, tirando de ellos. El riesgo permanece. Así corremos hacia ningún lugar, hacia el siguiente paso, corremos como queriendo llegar a algún sitio, no soportamos el *intermezzo,* aunque la fatiga nos ahogue. Corremos con impulso ciego.

Marian Rojas habla de la atrofia de la prefrontalidad, la pulsión inunda el cerebro, el movimiento del cuerpo hacia el objetivo inmediato asalta todo nuestro mundo. ¿Alguien puede recomendar conferencias sin apoyo textual, cine iraní o, simplemente, sentarse en un banco, como el paisano de cualquier cultura que se detiene a contemplar, en una meditación, lo que tiene en frente, para evitar que la rueda, centrífuga, abandone su órbita a velocidades imposibles?

Creo que ya ofrecen terapias de desintoxicación. Día 1, ejercicio 1: observa una obra en un museo durante más de seis minutos.

23:07

Los aviones despegan y hay un momento fatal de no retorno. Las pesadillas de niña se repetían: yo queriendo volar y una fuerza empujándome hacia el suelo, la gravedad de los miedos o del mundo girando. El mundo girando nunca me satisfizo, siempre me he sentido atrapada en la realidad monótona, como en un eterno *Dragones y Mazmorras*, o siempre buscando un mago de Oz que no existe. Siempre eché de menos una magia que casi nunca vi, pero alguna vez sí. No basta con aburrirse para que pasen cosas, es preciso saber transubstanciar la opresión del vacío.

El chico del asiento de al lado golpea obsesivamente el dedo contra la mesa desplegable, la azafata bosteza, el padre le roba la piruleta con forma de corazón a su hija hiperestimulada, dice él, de azúcar. «Tú no puedes comer más chuches, la como yo», le espeta. Pero, ¿quién soy yo para juzgar?

23:58

El avión se para, todo el mundo se agolpa, en contra de las indicaciones, y una muchacha intenta enviar con la mirada un tímido mensaje al mundo, una petición de ayuda. «Es que tengo la maleta allí», balbucea. Yo estoy centrada en obstruir el paso a alguien que irrumpe desde atrás, como en una primera fase del desarrollo moral de Kolhberg, y no reacciono para ayudarla. La mala educación ajena me lleva a su terreno.

Yo pude haber sido esa chica, la que con impotencia apela a la compasión o a la cooperación; yo, de hecho, fui esa chica que pide por favor y agacha la cabeza triste bajo el estado del mundo. Pero me convertí en una reacción defensiva para sobrevivir. Yo también lucho, ya está bien. Bueno, no lucho, pero sé hacer bloqueos.

Me sentí culpable por no dar abasto con reacciones perfectas, busqué con la mirada perdida por la terminal la posibilidad de disculparme, la posibilidad de retroceder en el tiempo: ayudar a la muchacha, regar la inocencia.

La ideología económica del «yo»

El modelo cultural que se promueve se ajusta al modelo socioeconómico del libertarismo. Los *libertarians* eran anarcocapitalistas. Por cosas de *marketing* se asienta esta nomenclatura, pues la anarquía se ha demonizado al ser vinculada insistentemente al caos: es *an-arkhé,* ausencia de principio o fundamento. Vincular ontopolíticamente la anarquía al libertarismo es una perversión: desde el optimista intelectualismo moral forjado en el proyecto ilustrado, que atraviesa el socialismo utópico, la anarquía anunciaba posibles mundos y hablaba del desarrollo del ser humano en comunidad. Una sociedad sin dinero en la que las funciones son versátiles, porque la función no determina al individuo y porque en esa versatilidad desarrollamos la conciencia con respeto al trabajo ajeno. El anarcocapitalismo no cree que el conocimiento sirva para hacernos mejores personas ni está tal cosa en su discurso, y reduce a los individuos a su capacidad productiva. Bailan sus palabras en torno a una desestructuración social que solo mantiene finos hilos de unión a través del desarrollo de la supuesta esencia económica del ser humano. Desde ella ha de contactar con los demás, sin intervención institucional de ningún tipo, que restringiría esa naturaleza humana, plena, en acto.

El enemigo es el Estado, dicen sus gurús y repiten las voces del pueblo ausente. Lo aclaman, esas voces, porque ciertamente el Estado nunca ha sido su instrumento, sino el de las clases altas. De hecho, únicamente ha tenido en consideración a la base social en el modelo social de Derecho, en el que, en sus formas más precarias, se dan cobertura a sí mismas con sus propios impuestos. De alguna manera es algo parecido a la concepción de la justicia distributiva de Aristóteles. Quizá son esas las formas enemigas de quien enuncia tal cosa.

Los líderes libertarios, populistas, que señalan a la clase política como responsable de todo mal económico y se proponen a ellos mismos como gestores políticos para erradicar el problema, simplifican la realidad y caen en contradicción. La denostación genérica de la política es una lanzadera para deslegitimar las democracias representativas tal y como se han entendido hasta el momento, y desde luego no implica un avance en cuanto a formas sociopolíticas más sofisticadas. La democracia representativa presupone el enfriamiento y la racionalización de los intereses personales, por eso los discursos de los representantes tras los resultados electorales, los días de celebración formal de la democracia, asumen la racionalidad de los votantes. Se presupone la coincidencia ilustrada entre racionalidad y libertad, aunque es evidente que no hay demasiado interés en que se dé.

Deslegitimar la política tiene otro efecto: velar los procesos económicos que se dan tras su pantalla. Esa esfera invisibilizada sigue funcionando como *arkhé*, como fundamento último, como poder constituyente al que ciertamente no se puede acceder. El desencanto de la política funciona de la misma manera que en el siglo XX: el poder se admira, y se desprecia de la misma forma al que no lo tiene —o no lo ejerce— como al que es percibido como esclavo que se zafa de su condición. Los políticos de la democracia representativa se muestran sin linaje, así que, ¿por qué deben estar ahí? De aparecer alguien que se presenta como uno más de nosotros, pero con algo diferente (carisma y éxito, a poder ser), así como se percibía al líder fascista según Adorno, se generan procesos sociológicos de idealización e identificación, o proyección y aprobación.

La iconografía del líder, representación idealizada que tiene larga tradición en la historia de la relación entre arte y poder, ahora se realiza echando mano de la IA, con su iluminación entre teatral y épica y el rostro despojado de la contingencia que caracteriza a la materia. El lugar para mostrar el icono dejó de ser el templo o la plaza pública, ahora su espacio es el virtual. Por ejemplo, en las redes sociales expone Milei sus juegos con esos avances tecnológicos —y sus guiños a la industria, que responde magnánima por su necesidad de litio—. Si Hitler se recreaba en la retórica discursiva, este opta por una cierta evocación de las representaciones icónicas de Lenin, que no deja de ser un revolucionario intelectual. Así se presenta el argentino, que por veces echa mano de la figura del león: el que está fuera del espacio político en Locke o la fuerza del gobernante, en Maquiavelo. Va a demolerlo todo para instaurar el nuevo orden de libertad y eso es algo objetivo y puro como la *episteme* que él conoce: es economista, no político, insiste. Lo que altera la economía es, como él mismo repitió en el Foro Mundial de Davos, la intervención del Estado, con poder coactivo y monopolio de la violencia.

La matemática nunca se confunde, pero él confunde las matemáticas, ciencia formal, con la economía, ciencia social. O hay algo más profundo: la *oikonomía* como gobierno de lo humano parte de la teología económica en la que deriva la ontoteopolítica durante la Patrística, según el Agamben de *El reino y la gloria* (2008), que observa como la *praxis* económica se efectúa a través del *gobierno de los hombres* y se muestra como una revelación. Esa hipóstasis divina, esa emanación, aun siendo anárquica, realiza *la ley del Padre* en el decurso necesario del tiempo escatológico, siendo el Pastor el que realiza su obra. En este sentido, se apela a una suerte de ley natural o ley de la historia, una suerte de ley metafísica, propia de los totalitarismos, según Arendt. Esta ley, siguiendo el análisis de la autora, puede ser aplicada mediante el terror si es necesario, que en el siglo XXI vuelve a adquirir la vestimenta del *shock*.

En ese escenario de choque emerge una cierta restricción del pensamiento: aunque no se limita *de iure*, se genera la ficción de que se razona críticamente, o se hace innecesario. Cederle el honor a la Inteligencia Artificial, concreción de la tiranía de la lógica, supondría sumar otra característica del totalitarismo tal y como lo entendía Arendt. En esa tiranía a partir de un axioma, dice, se derivan, inexpugables, las acciones a ejecutar: el poder deviene poder constituyente constante, ignorando el *consensus iuris*. Pero es también específico de tal modelo la desaparición del espacio público, común, de interacción, lo que facilita el aislamiento radical de los individuos. Acaban por dificultarse las actividades propias de la *tekné*.

La ontoteopolítica ultraconservadora había considerado como demoníaco al *arkhé* en su inicial concepción, como potencia de lo múltiple. El sometimiento de lo híbrido informe a las formas de un ser que se acerca a lo Ente, tanto en el plano metafísico como en su atávica correlación política, esto es, en la figura de un Estado fuerte y cohesionador, sería, siguiendo a Schmitt, el triunfo de las fuerzas del bien, la llegada del *katekhón*. Frente a esto, las corrientes impolíticas, como la propuesta mesiánica de Agamben que bebe de Benjamin y se ilustra con el *I would prefer not to* de Bartebly, defienden mantenerse en lo múltiple y en la inoperancia, en la no ejecución, en el no paso de la potencia al acto, o en la potencia *de no*. Esto es, en el pensamiento de la potencia como realidad en sí misma y en la posibilidad de mantenerse en ella como realidad última inmanente y sin finalidad ulterior. El libertarismo parece escaparse de la formalización que supone el Estado y parece querer mantenerse en lo múltiple desterritorializado: si Schmitt quería repolitizar todos los ámbitos de la vida, despolitizados, según él, por el liberalismo, el libertarismo dice querer despolitizarlo todo, lo que ya es una decisión política.

Sin embargo, la insistencia extrema en el Mercado como *arkhé*, como principio, origen y fundamento, parece mostrar un intento de aprehender lo múltiple en su terreno, la última captura metafísica y la más extrema: tomar la fuente, ocupar lo constituyente. Del no-ser múltiple presentado como Uno y emanado ya como «Nous» o pensamiento puro. Parece la deriva lógica del neoliberalismo, que había perfeccionado la toma de lo desterritorializado para estriarlo o reterritorializarlo, asumiendo un planteamiento axiomático disyuntivo que permite operar en todos los campos ideológicos, vampirizar y domesticar la diferencia y, así, emplear todos los recursos disponibles para mantener el capital en flujo.

El Mercado se convierte en la figura de lo Mismo, que contiene en un principio su multiplicidad constituyente, pero totalizándola con el cerco del concepto. Sin embargo, lo múltiple siempre escapa en devenir, de manera que se hace necesario mantener esa pugna entre su mantenimiento y su aniquilación por homogenización, homogenización apolínea que confiere una suerte de luz solar. Una manera de estabilizar eso múltiple que también forma parte del Mercado es tomar la economía como una naturaleza exclusivamente formal.

La base ontopolítica de esta corriente la desarrolla Nozick, que presenta una meritocracia radical. Se le reconoce por entender los impuestos como robo, pues al parecer nadie paga impuestos voluntariamente. Esto es una evidencia empírica, dijo Milei en esa intervención de Davos, que se ha convertido al judaísmo y mantiene a un rabino particular en nómina, como un *coach* religioso, lo que confiere bastante exclusividad y una relación casi personal con la divinidad que refuerza una suerte de iluminación y mesianismo, así como la noción rescatada de *hombre de bien*.

Sin embargo, volviendo a las evidencias, hasta Popper señala que no son posibles las inducciones neutras. Es bastante perceptible, además, la actualización de un momento en el que se asienta un paradigma haciendo que ciertas ideas aparezcan como naturalmente hegemónicas, siguiendo a Kuhn. El Estado, por tanto, debe ser mínimo y para ello se ocupará de desmantelarse a sí mismo, menos en el ámbito de la defensa y de la seguridad, porque la propuesta libertaria no renuncia a ese monopolio de la violencia. Aún así, los individuos podrán disponer de armas con menor restricción, destinadas, eso sí, a la autodefensa, o sea, a defenderse de los demás. Para justificarlo recurren a una lectura extrema de Locke y traen a colación la posibilidad de la legítima defensa cuando alguien realiza una disrupción del pacto social y se sitúa a sí mismo y al agredido en un estado de guerra. En nuestras sociedades se interpreta como una agresión a la vida propia. Entendemos que en el caso del libertarismo la interpretación incluirá, forzando al clásico liberal, la agresión a la propiedad privada, en tanto que derecho esencial.

Sanidad, Educación y Desarrollo Social no son consideradas, por tanto, parte de la política, dice, en primer lugar porque no debe haber justicia distributiva, y solo, en el ámbito penal, retributiva. El Ministerio de Sanidad también debe ser desconfigurado, porque para esta corriente la primera propiedad del ser humano es su cuerpo. Así, la venta de órganos que al principio de la campaña argentina fue defendida se entiende como ejercicio de libertad económica a partir de bienes particulares. En sus primeros meses se enfrenta a una epidemia de denge y no se ofrece cobertura inmunitaria: la eficacia de las vacunas se pone en duda, pero se venden a ciento treinta dólares (sesenta dólares por debajo de la media del salario nacional). Cuidar del propio cuerpo individualmente es la pauta, concebido este como propiedad transcendente, y no como soporte inmanente de la existencia, de la vida que en cada uno se expresa.

De forma correlativa se concibe a la familia como propiedad privada y se insinúa el beneplácito sobre la subrogación. Estas posiciones tan modernas son en realidad muy antiguas: la familia pertenecía al *pater familias*, que responde de ella y de su comportamiento ante la comunidad, eso sí. Por otro lado, la maternidad subrogada es también pretérita y una cuestión de clase: concubinas bíblicas, cretenses o romanas teniendo hijos por la esposa oficial llenan los ejemplos históricos. Niños cuidados dentro de la familia extensa o por otra dentro de la comunidad es común en sociedades premodernas. Ora bien, en este contexto antropológico se convierte en una relación específicamente mercantil. Puede parecer curioso, sin embargo, que el aborto se sitúe como elemento a prohibir: la mujer no tendría derecho a decidir sobre el feto acogido en su cuerpo, pues atentaría contra el principio de no agresión. Como feto no pertenece a ella, pero como niño rentable, sí.

Para que todo esto cale ha de apelarse a la libertad y a la propiedad, y presentarse el egoísmo como algo moderno y lógico, imprescindible para el buen funcionamiento de esta sociedad. De hecho, en las teorías de éxito se suele desenmascarar el verdadero rostro egoísta de la generosidad. Si no está bien uno no puede ofrecerse a los demás, se repite en manuales de autoayuda, seguro que remitiéndose en el fondo a la necesidad nietzscheana de activar las fuerzas, pues desde la abnegación reactiva no surge tampoco nada bueno, afirmativo. El sesgo es previo a lo ideológico, es epistemológico: análisis como los de Mauss, en relación a la economía del don, o de Polanyi, en términos de antropología económica, se leen desde una perspectiva formal, moderna, burguesa. Por eso no se comprende o se obvia que lo relevante en esas formas socioeconómicas es generar lazos afectivos que cohesionen el grupo social. A falta de ellos, las posturas liberales extremas adoptan morales ultraconservadoras para preservar de la ruptura total al tejido social, reducido a individuos y familias. Deben aportar la sensación de consistencia social, que será como una membrana a punto de desgajarse. Se precisa, en fin, de una moral que justifique su concepción del mundo.

La Educación es otro ámbito que el Estado debe abandonar, porque la educación y la moral de cada familia vendrá dada por lo que esta libremente elija. ¿Libremente? ¿Qué pasa si los vástagos no encajan en los patrones morales de la familia que los cría? A esos jóvenes ciudadanos los cubre en las sociedades democráticas una educación pública, esto es, la exposición a la pluralidad, lo que forma parte de la concepción de la sociedad como asociación. A mayores, lo que asegura una educación pública es que los recursos que en ella se aprenden lleguen algo a todo el mundo independientemente de su estatus económico, es decir, a esos que tienen *a priori* menos «libertad». Para no hablar de esto, lo ultraliberal apela a la libertad incluida en «el gusto del cliente». Además de acentuar la alienación ideológica de las clases productoras, esto implica la fractura total de una base común cultural, que será sustituida por ciertos contenidos genéricos de la industria cultural, en los que los algoritmos coincidirán. Al fin y al cabo la imposibilidad de formación de criterio es magnífica para que fanáticos iluminados nos liberen de las fauces que dibujan, como los tiranos señalados por los antiguos, que aparecen cuando la democracia se disipa en las nieblas de la demagogia.

Pasa todo el tiempo, pero, en cada vuelta, el círculo de la espiral es más amplio.

09:23

Mientras personas nacidas al mismo tiempo y después de mí arremeten con el codo y la mandíbula saliente para intentar llegar antes a la taquilla del autobús, le insisto a un viejecito para que me adelante y coja asiento. Él se niega con amabilidad: «No te preocupes, gracias, vamos a ir todos, de todos modos».

El desarrollo social consiste en un saber profundo, en un saber estar.

12:03

Salgo a la calle a hacer el ingreso del dinero sobrante desde un cajero. No es que el sol queme la piel, es que el aire es una lengua de fuego que envuelve los cuerpos. Dicen que el Mediterráneo está tan caliente que para algunas especies es como si hubiese un incendio en el agua. Arden los cuatro elementos, es la era del fuego.

El cajero tiene atenuada la función de ingresos. Entro a la oficina, ya no es una sucursal bancaria, solo cajas de cristal donde se venden productos financieros. Tienes que buscar otro cajero o esperar a que arreglen este. Es como el médico que manda beber agua. En la era de la opinión, profesionales del sentido común. «¿Para qué sirven las personas en este mundo que viene?» No sabe contestar. Nunca lo pensó ni parece que lo vaya a hacer. Contesto yo misma: «Para optimizar la extracción de plusvalía». No sabe de qué hablo. Estudió, seguro, Administración y Dirección de Empresas, pero no tiene claro eso del plusvalor.

13:56

Mírala ahí, aferrándose ya sin fuerza a la vida. Mírala como si fuese la última vez que te ve. Una lágrima recorre la mejilla de Carla. Silvia ya no puede llorar más. ¡Qué lejos quedan los días jóvenes en los que se imaginaba un futuro y una jubilación para descansar y viajar juntas! No había nada que pedir, y todo para dar. En los buenos momentos hay generosidad; en los malos, también.

—¿Me reconoces? Te he traído un poco de fruta de la huerta, porque veo que no te gusta la que te dan aquí —dice una enfermera.

—¿Quién eres?

—Fui tu alumna.

El cáncer se manifiesta como un monstruo en los juegos antiguos: ahora aquí, ahora allí, a ver quién lo caza. ¿Quién vence a la muerte? Es muy fuerte un cuerpo y aguanta tanto como duro es el final. ¡Cuánto vence la vida mientras! ¿Qué pasa por la cabeza de quien se va? ¿Seguir viviendo? Lo vi en mi padre, que murió diciendo: «Estoy bien, esto no es nada». O tanto cansancio que no se piensa, tanta lucha que toda la energía se dispone en ella. Qué sabia es la naturaleza y qué fuerte es la amistad de los buenos.

«No te busques tanto a ti mismo», escucho en algún dial al azar. Ese es el truco para superar el egoísmo.

Epílogo. El silencio

En la escuela Pitagórica se veía como algo positivo escuchar, dejar que lo escuchado tomase poso, quizá comprensión. El silencio obligado del alumno no era un castigo fruto de la severidad: en él se puede observar qué sucede, qué puede suceder tras la reacción inmediata, aparente actividad para la que tanto nos entrenan las redes sociales, la nueva fábrica.

Incluso, la meditación, más allá de la práctica oriental que, efectivamente, entrena sinápticamente el cerebro, era una gimnasia estoica que revisaba los actos propios, así como anticipaba posibles males, *praemeditatio malorum*, de manera que dejase al sujeto preparado, catárticamente, para lo posible, para la vida, más allá de las funciones sociolaborales. La revisión cristiana de esta práctica acabó siendo la confesión, solo tardíamente individual y oral. La deriva de esta técnica del «yo» acaba en la purga de la culpa, esperando la redención únicamente con la conciencia del mal cometido.

Si existe una cultura de la confesión actualmente no es porque siga vigente el modelo de sujeto neurótico, pues el psicópata es más veloz y eficaz, es porque nos ampara la cultura de la exhibición y la *transparencia*, que, dejando a un lado necesidades deontológicas en la esfera política o pública, se traduce en la producción de datos digitales. Frente al cuaderno de confesiones estoico, profundo como una introspección, como los viajes a los océanos de roca oscura que guardan, para los mejores mineros, los extraterrestres colores de la sabiduría, el vídeo de Tik Tok en el que el «yo» habla del «yo» como fenómeno, como objeto especular. Sin darse una deconstrucción. Esto llena de ruido el espectro virtual del mundo, y el ruido *is money*.

Es verdad que antes el significado del silencio debía ser interpretado según las circunstancias: «En una discusión que se va de las manos el más culto calla», dice mi madre. Las generaciones previas decían: «La palabra por decir solo la sabe el diablo». Y en eso había un poder, cuya naturaleza se ubicaba, por cierto, en las fuerzas del mal, o con ellas se alineaba. Es verdad que el silencio sirve como protección frente a aquel que no sabe dialogar y tiene como único recurso la violencia.

El silencio ahora solo se emplea para vencer, se convierte en la imposición de un punto de vista, imitando a esos gánsteres, hombres de poder, que no necesitan hablar para que su voluntad se cumpla: antes, la victoria dialéctica venía dada por la última palabra, es decir, por el argumento más consistente, tal y como la propuesta dialógica de Habermas contempló. En ella, por cierto, toda última palabra es provisional y no una victoria. Ahora, reina la imposibilidad o la pereza a la hora de pensar argumentos sólidos. Viajar por zonas poco gratificantes para un «yo» acostumbrado únicamente al reconocimiento es tiempo perdido. Por lo tanto, se impone un silencio incapaz y, en el fondo, resentido que marca la era del *ghosting*: es la manera de mostrar una indiferencia confundida con el triunfo. O con la tranquilidad, porque la tranquilidad ahora no es de conciencia, sino de estímulos que perturben la calma visión de nosotros mismos.

23:56

C: Por favor, llévame a algún lugar, necesito airearme, estar sin niños, me escriben en un *whatsapp*.

Aun con cierta entropía, se organiza una quedada de amigas. Sentimos empatía por el encargado del cine, que no busca negocio, sino canalizar su amor al arte. Me da pena por el estrés que sufre cuando la máquina de palomitas salta a la vez que entrega las entradas, las sesiones ya están empezando y la gente se agolpa.

La película se corta, se recrea el ambiente de un ambigú. Me gusta este caos antiguo que antes era orden, ahora busco imperfecciones, la vida analógica. ¿No va de eso la película? Piden disculpas y la retoman con la copia adecuada, una subtitulada.

S: Bajo ningún concepto las películas japonesas deben ser dobladas, se pierde tanto el *tempo* de su lengua que los personajes parecen parodias.

M: Sí, parecen dos películas diferentes. Pero la banda sonora se quedaba en una *playlist* de *hits*.

X: Las letras de los setenta todavía son modernas, todavía son retratos o narraciones. No están fragmentadas aún, no es la lengua del inconsciente.

S: Me gustaría ser tan parca en palabras como el protagonista.

M: Me siento muchas veces como él en la secuencia final. Emocionada sin saber por qué, por la magnitud de la vida, creo. En realidad siento pena y culpa todo el tiempo. Bueno, sobre todo mientras menstrúo.

X: ¿Por qué? ¡Cuánto tenemos que trabajar todavía!

M: Hoy una compañera de trabajo ha empezado a encontrarse mal. Buscaba una pastilla y, cuanto más tardaba en encontrarla, peor se ponía. Empezaba a tener un ataque de epilepsia: «Me sucede cuando estoy muy cansada», dijo. Hacía el trayecto a casa conmigo, pero la suya estaba al doble de distancia. «Es lo que hay» dijo. Cuando siento pena noto literalmente caer el alma, el *animus,* a los pies, en tres o cuatro golpes. Es una sensación física. Como si una membrana se retirase, como un estor, de mi cabeza al suelo. La belleza también me emociona, y la bondad. La bondad es bella, y naturalmente sentimos aprobación frente a la felicidad ajena y desaprobación ante el sufrimiento. Es toda la filosofía a la vez, es Platón, es Hume. Es Spinoza. No necesito la ciencia médica ni la *new age* para explicarme. No podemos sentir culpa por sentir culpa al observar el sufrimiento del mundo, es algo perverso el imperativo actual, ¿no?

H: Mi madre está enfadada conmigo. Me fui de fin de semana con mi novio y al parecer le dio una subida de tensión el viernes.

Le han dicho que tiene un soplo en el corazón, que debe llevar una vida tranquila. Pero no me dijo nada, ¡se lo dijo a mi hija!, que también se siente algo enojada por no haberme quedado con ella. Es como una doble pinza: mala madre y mala hija...

X: ¿Nos seguimos pensando solo en esos términos, en esas relaciones?

S: Compré otra pegatina para el coche. Con *Keep your distance* no conseguía el objetivo, nadie acepta hoy un imperativo interpelándolo, y menos en inglés. Me dio miedo poner *Mascota a bordo*, hay demasiados ultras por la carretera... Opté por *Familia a bordo*, incluye un perrito dibujado. Creo que los vehículos en cola tienen más delicadeza ahora.

C: Estoy preocupada, mi hija piensa demasiado y sufre. Anticipa constantemente cosas y se pregunta si realmente tiene amigas, si sus amigas son de verdad... Pero yo también me lo planteo.

S: Y yo... Ver el mundo en su crudeza será poco operativo, pero no patológico. No podemos marcar negativamente a la infancia más sensible, más despierta, más precoz.

M: A todas nos pasa. No sé, ¿es cosa del mundo posmoderno y sus gentes? Posmoderno es también tenerse a una misma siempre en el centro menos para preguntarse: ¿soy yo una buena amiga? Decía Aristóteles que no se trata de pensar en la amistad, sino en l*s amig*s. Por ahí debe andar la clave.

S: ¿Partimos de un concepto absoluto, máximo, límite, como el tradicional concepto de dios y comparamos la realidad con esa nebulosa, en vez de ir tomando, experimentando la nimiedad aparente de la materia ordinaria, de la materia que forma las cosas? ¿No estamos demasiado instaladas en el *deber ser*? Al fin y al cabo, *los conceptos no caen del cielo, tienen que ser arrebatados del mundo.*

X: El *deber ser* es como un pastor eléctrico, marca límites emocionales, más que ordenar, pero tampoco creo que sea bueno permanecer en la contingencia de lo particular y sus posibilidades, si no sería imposible desear, pensar, demandar cosas que todavía no existen...

C: La estamos llevando a psicoanálisis, pero quizá mi impaciencia por dejar de verla sufrir es un problema. ¿Qué hacía tu madre contigo?

S: Dice que sufría al verme sufrir. Recuerdo pasar algún fin de año llorando por el paso del tiempo, no llevaba bien esa marca cultural. Hasta que lo pasé en el monasterio de Oseira y me liberé. La infancia es difícil, no comprendes... poco a poco entiendes o aceptas simplemente vivir así. Comprendes que en la vida a unos les toca experimentar unas cosas y a otros, otras. Para llegar a esta idea algunos necesitan muchos años de estudio y otros, no. No sé, hay mil relatos o *epistemes* para delimitar la experiencia de la vida interior: un alma vieja —pero no lo suficiente—, distintas formas de cognición, cualquier diagnóstico, análisis no patologizante, da igual. El hecho es que hay gente que está en la vida de una manera más simple que otra. No sé si hay mucha solución. Ni siquiera sé si es un problema. En la aldea de mi madre nos llevaban con un hábito en la procesión de la Virgen...

C: ¿Por qué?, ¿qué hacías?

S: Nada, lo normal, pis en cama y protestar. Por ejemplo, a mí nunca me gustó la pasta con huevo. Mi madre le echaba huevo a la sopa, por eso de alimentarme bien, e insistía en que era azafrán. No soporto que me mientan descaradamente, aunque sea de forma piadosa. Creo que es una reivindicación humana legítima. Durante algún tiempo le echamos en cara que nos sometiese a ese ritual antropológico, y ella dice: «Pero dejasteis de mear en la cama». La verdad es que hoy en día se lo agradecemos, estamos aliviadas de que no nos haya coincidido ser pequeñas en esta era: antes te reintegraban con un poco de psicomagia, ahora te crucifican con bioquímica. Creo que lo único que podemos hacer frente a una vida profunda, intensa, abierta, es comprenderla y, llegado el caso, sublimarla. Tampoco creo que todo el arte provenga, ni tenga que provenir del... no sé, de la relación con el misterio. Crear es un instrumento para eso y para otras cosas.

Me gusta encender las luces del patio y no disfrutar sola de esa magia de colores. Me gusta observar como permanece la mirada de un gato en la espera hasta que la pelota se para. Cuando el movimiento cesa, el proyectil se dispara.

```
this context=a[0].this.scrolling '1
roll-handle"></div></div>').insertAfte
om::r))function o(a,b,c){this.vertical
a {return this.updateScrollPosition().th
out.I.prototype.finishScrolling.bind(thi
"full").this).draggableMode:function(a
tion(a)(a.stopPropagation().c.off("mous
scale=this.context.clientHeight/this.co
this.context.scrollHeight 100-"%")).thi
ype.{update:{value:function(){return th
andle.css({left:this.context.scrollLeft
uctor=n.o.prototype={startScrolling:fun
hrottle").body(function(a,b,c,d,e){"u
a.b.c:{var d=a[0].scrollbar;return(d i
c.d:return a=b('<div style="width:50
this.context=a[0].this.scrolling='1.t
l-hand·                 ').insertAft
          this.vertic
etu      p                   llPosition
         p·     ·&·      crolling.bin
         a                 bleMode:fur
this context.clientH
text.scrollHeigh
value
```